西日本・中国JRバスの車両たち

text&photo ■ 編集部 （2021年2月1日現在）

（いすゞ2DG-LV290N3）
西日本の路線車にあしらわれた
ピンク色は15年、ストライプか
ら裾部のラインに変更された。
（写真1）

JN093335

西日本・中国JRバスの車両の概要

●西日本JRバスの車両概説

　西日本JRバスの2021年2月1日現在の保有車両数は、乗合250台（高速車190台、定観車2台含む）、貸切17台、計267台である。また子会社の西日本JRバスサービスが貸切11台を保有している。これをメーカー別に見ると、いすゞ172台、日野58台、三菱ふそう35台、スカニア11台、日産2台の順で、いすゞ車が6割以上を占めている。

　西日本JRバスの路線エリアでは国鉄時代、北陸地方で日産ディーゼル・日野車、近畿地方で三菱・いすゞ車が活躍していた。民営化後の一般路線車には小型のいすゞMRを大量に導入。また中型・大型では周囲の事業者に合わせた前後扉車も採用された。しかしその後、MRが活躍した閑散路線からは撤退。現存する路線はいすゞエルガミオ・エルガのワンステップバス・ノン

534-9975（三菱2PG-MP38FK）
広島市内循環バス「めいぷる～ぷ」専用車は真っ赤な車体。床はフローリングとなっている。（2）

531-4952（いすゞQPG-LV234N3）
京都府中部の6市町による「森の京都」キャンペーン。京丹波の1台がラッピングをまとう。（3）

531-9967（いすゞ2DG-LV290N3）
国鉄カラーをアレンジし、90年に採用された中国の路線車カラー。18年から白色LEDを装備。（4）

ステップバスにほぼ統一されている。
　高速車は民営化当初、三菱製が主力だったが、00年代に昼行用としていすゞガーラ・日野セレガの採用を開始。続いて3列シートの夜行用にもガーラ・セレガが投入された。14年にはゆりかご状のクレイドルシートを備えたグランドリーム仕様が登場。使用路線の拡大とともに増備が続けられている。17年に前部が個室タイプのドリームル

リエ仕様が改造により就役。18年には昼行用に三菱エアロエース、19年には関東方面の夜行中心にスカニア製ダブルデッカーの採用が開始されている。
　貸切車は民営化当初、いすゞスーパークルーザーUFCを各営業所に配置。貸切営業を精力的に行った。現在はセレガ・ガーラのハイデッカーが中心。18年にはカラーデザインが一新され、19年にはリフトつきが加わっている。

749-19932（スカニアTDX24）
クレイドルシート装備のスカニア車は、西日本の高速カラーにグランドリームカラーを追加。（5）

641-8961（いすゞ2RG-RU1ESDJ）
中国の高速車と貸切車は国鉄カラーを継承。後部に赤色で英字表記された社名がアクセント。（6）

641-1957（いすゞLKG-RU1ESBJ）
ハローキティ新幹線の運行開始に合わせ、中国の高速車と定観車に登場したラッピングバス。（7）

641-1958（いすゞLKG-RU1ESBJ）
広島市内〜空港間のリムジンバスは、共同運行する5社統一デザインの専用車で運行される。（8）

ハローキティ新幹線 ラッピングバス
© 2021 SANRIO CO., LTD. APPROVAL NO. L627137

●中国JRバスの車両概説

　中国JRバスの2021年2月1日現在の保有車両（リース含む）は、乗合211台（高速車99台、定観車3台含む）、貸切47台、特定2台、計260台である。また子会社の西日本バスネットサービスが乗合2台を保有している。これをメーカー別に見ると、いすゞ224台、三菱ふそう23台、日野9台、日産ディーゼル・トヨタ各3台で、近年の新車はいすゞ製がほとんどを占めている。

　中国JRバスの路線エリアには国鉄時代、主に三菱・いすゞ製が投入されていた。民営化後の一般路線車は、ローカル路線の廃止とともに中型が減少。大型は岡山地区で前後扉、広島地区で4枚折戸が採用され、日野製や日産ディーゼル製も加わった。近年はいすゞエルガを新製するとともに中古購入も実施。19年には広島市内循環バス用と

西日本・中国JRバスの車両たち

647-19954（日野2RG-RU1ESDA）
18年にハートをイメージした新
デザインとなった西日本の貸切
車。19年にはリフト車が登場。
（9）

641-18940（いすゞ2TG-RU1ASDJ）
加賀友禅作家・毎田健治氏デザ
インの貸切車。観光列車「花嫁
のれん」のコンセプトを踏襲。
（10）

641-8901（いすゞPKG-RU1ESAJ）
貸切車のフラッグシップ「プレ
ミアム24」。2＋1の3列シー
トで、パウダールームを装備。
（11）

641-7951（いすゞQRG-RU1ESBJ）
JR西日本寝台列車「TWILIGHT
EXPRESS 瑞風」の乗客送迎車。
浦一也氏がデザインしたもの。
（12）

して三菱エアロエースが採用された。
　三菱製が主力だった高速車は、00年
代からいすゞ製中心の陣容へと変化。
用途に合わせた多彩なタイプが見られ
ることが特徴である。夜行路線・長距
離昼行路線には3列シートを採用。グ
ランドリーム仕様も活躍している。中
距離昼行路線には4列シート・トイレ
つきを運用。近年は補助席のない固定
窓仕様が選択されている。近距離路線

には4列シート・トイレなしを充当。
同社が"準高速"と呼ぶ広島都市圏の
路線では、自家用タイプの三菱車や日
産ディーゼル車も使用されている。
　JRグループバス最多台数を営業する
貸切車も、その主力が三菱エアロクィ
ーンからガーラハイデッカーへとシフ
ト。3列シート24人乗りのプレミアム
な車両も在籍する。19年にはリフトつ
きの日野セレガが導入されている。

331-4903（いすゞPA-LR234J1） (13)

331-3941（いすゞSKG-LR290J1） (14)

321-16950（いすゞSDG-LR290J1） (15)

331-16953（いすゞSKG-LR290J2） (16)

331-18997（いすゞ2KG-LR290J3） (17)

531-16952（いすゞQDG-LV290N1） (18)

531-15941（いすゞQPG-LV290Q1） (19)

531-18994（いすゞ2DG-LV290N2） (20)

車両編 5

641-5975 （いすゞKL-LV781R2） (21)

641-5971 （いすゞKL-LV774R2） (22)

641-8959 （いすゞPKG-RU1ESAJ） (23)

641-4923 （いすゞQRG-RU1ASCJ） (24)

641-4934 （いすゞQRG-RU1ASCJ） (25)

641-15934 （いすゞQTG-RU1ASCJ） (26)

641-16923 （いすゞQTG-RU1ASCJ） (27)

641-16939 （いすゞQTG-RU1ASCJ） (28)

641-15931（いすゞQRG-RU1ESBJ）(29)

641-17950（いすゞ2KG-RU2AHDJ）(30)

641-17943（いすゞ2TG-RU1ASDJ）(31)

641-18931（いすゞ2TG-RU1ASDJ）(32)

641-19953（いすゞ2RG-RU1ESDJ）(33)

648-19452（日産ABG-DHW41）(34)

647-17903（日野PB-RX6JFAA）(35)

127-8922（日野BDG-HX6JLAE）(36)

127-3924（日野SDG-HX9JLBE）　　（37）

647-5979（日野KL-RU4FSEA）　　（38）

647-5982（日野ADG-RU1ESAA）　　（39）

647-5986（日野ADG-RU1ESAA）　　（40）

647-8978（日野PKG-RU1ESAA）　　（41）

647-11906（日野LKG-RU1ESBA）　　（42）

647-16901（日野SDG-RU8JHBA）　　（43）

647-3923（日野QRG-RU1ASCA）　　（44）

647-18905（日野2TG-RU1ASDA）　（45）

647-19953（日野2RG-RU1ESDA）　（46）

534-9903（三菱KC-MP717M）　（47）

644-2980（三菱KL-MS86MP）　（48）

644-4976（三菱KL-MS86MP）　（49）

744-3987（三菱MU612TX）　（50）

744-3992（三菱MU612TX）　（51）

744-9905（三菱BKG-MU66JS）　（52）

744-0902（三菱BKG-MU66JS） (53)

644-18935（三菱2TG-MS06GP） (54)

644-19911（三菱2TG-MS06GP） (55)

749-19942（スカニアTDX24） (56)

141-8903（いすゞBDG-RX6JFBJ） (57)

321-3918（いすゞKK-LR233J1） (58)

331-3919（いすゞKK-LR233J1） (59)

331-4953（いすゞSKG-LR290J1） (60)

331-5962 （いすゞSDG-LR290J1）　　(61)

331-7954 （いすゞSKG-LR290J2）　　(62)

531-4464 （いすゞU-LV324L）　　(63)

531-7952 （いすゞKC-LV280N）　　(64)

521-2918 （いすゞKL-LV280L1）　　(65)

531-3920 （いすゞKL-LV280L1）　　(66)

521-3922 （いすゞKL-LV280N1）　　(67)

641-4906 （いすゞKL-LV280Q1）　　(68)

531-9911 （いすゞPKG-LV234N2） （69）

531-9914 （いすゞPKG-LV234N2） （70）

531-1959 （いすゞLKG-LV234N3） （71）

531-2957 （いすゞQPG-LV234N3） （72）

531-6951 （いすゞQDG-LV290N1） （73）

531-7955 （いすゞ2DG-LV290N2） （74）

641-5903 （いすゞKL-LV781R2） （75）

641-5907 （いすゞKL-LV781R2） （76）

641-4812 （いすゞKL-LV774R2） 　　(77)

641-5805 （いすゞKL-LV774R2） 　　(78)

641-6801 （いすゞPKG-RU1ESAJ） 　(79)

641-6902 （いすゞPKG-RU1ESAJ） 　(80)

641-6903 （いすゞPKG-RU1ESAJ） 　(81)

641-7805 （いすゞPKG-RU1ESAJ） 　(82)

641-8905 （いすゞPKG-RU1ESAJ） 　(83)

641-8908 （いすゞPKG-RU1ESAJ） 　(84)

ハローキティ新幹線 ラッピングバス

641-8910 （いすゞPKG-RU1ESAJ） （85）

641-9901 （いすゞPKG-RU1ESAJ） （86）

641-9906 （いすゞPKG-RU1ESAJ） （87）

641-1952 （いすゞLKG-RU1ESBJ） （88）

641-1954 （いすゞLKG-RU1ESBJ） （89）

641-3951 （いすゞQPG-RU1ESBJ） （90）

641-3955 （いすゞQPG-RU1ESBJ） （91）

641-3956 （いすゞQPG-RU1ESBJ） （92）

641-3959（いすゞQPG-RU1ESBJ）　(93)

641-5954（いすゞQRG-RU1ESBJ）　(94)

641-6962（いすゞQRG-RU1ESBJ）　(95)

641-6964（いすゞQRG-RU1ESBJ）　(96)

641-7970（いすゞ2TG-RU1ASDJ）　(97)

641-8954（いすゞ2TG-RU1ASDJ）　(98)

641-8963（いすゞ2TG-RU1ASDJ）　(99)

641-7957（いすゞ2RG-RU1ESDJ）　(100)

641-7961（いすゞ2RG-RU1ESDJ）　（101）

538-7951（日デKC-UA460LAN）　（102）

648-3912（日デKL-UA452TAN）　（103）

149-4451（トヨタLDF-KDH223B）　（104）

149-9470（トヨタQDF-GDH223B）　（105）

137-7962（日野SDG-HX9JLBE）　（106）

337-4901（日野SKG-KR290J1）　（107）

537-7951（日野KC-HU2MMCA）　（108）

647-9968（日野2RG-RU1ESDA）　(109)

334-6955（三菱KC-MK619J）　(110)

324-5911（三菱PA-MK27FH）　(111)

534-5968（三菱U-MP618M）　(112)

534-5971（三菱U-MP618M）　(113)

534-6952（三菱KC-MP617M）　(114)

534-6954（三菱KC-MP617M）　(115)

644-3914（三菱KL-MP35JP）　(116)

524-4916（三菱PJ-MP35JM）　　（117）

844-5912（三菱MU612TX）　　（118）

644-7953（三菱QTG-MS96VP）　　（119）

644-8951（三菱2TG-MS06GP）　　（120）

営業所別・車種別車両数

車種＼営業所	いすゞ					日産	日産ディーゼル		トヨタ		日野			三菱ふそう				スカニア	合計
	乗合	高速	定観	貸切	特定	貸切	乗合	高速	乗合	貸切	乗合	高速	貸切	乗合	高速	定観	貸切	高速	
金沢営業所	21	18		3							4	6	3			2			57
近江今津営業所	6																		6
京都営業所	18	11		1								7	4	1	2			1	45
京丹波営業所	8																		8
大阪高速管理所		39		2								7			17			8	73
大阪北営業所		33		2								5	2		7			1	50
神戸営業所		8										13			6			1	28
西日本JRバス合計	53	109		8							4	38	9	1	32	2		11	267
西日本JRバスサービス				2		2											7		11
岡山支店		14		4														1	19
島根支店		22	1	6															29
浜田営業所		9		2															11
東広島支店	30	4		5					2	1	4				2				48
広島支店	32	39	2	2						1	2				8	3		2	91
広島エキキタ支店				15													2		17
山口支店	18	7		7			2								2				36
周防営業所	3				2										4				9
中国JRバス合計	83	95	3	41	2		2		2	2	6				16	3	2	3	260
西日本バスネットサービス												1			1				2

現有車両一覧表

■西日本JRバス■

ISUZU

PA-LR234J1（JBUS）

331- 4901 金 200 か 579 05 金○
331- 4902 金 200 か 580 05 金○
331- 4903 金 200 か 360 05 金○
331- 4904 金 200 か 299 05 金○
331- 4905 金 200 か 300 05 金○
331- 4906 金 200 か 301 05 金○

SKG-LR290J1（JBUS）

331- 3941 京 200 か 2771 13 丹○
331- 3942 京 200 か 2772 13 丹○
331- 3943 京 200 か 2857 14 丹○
331- 4953 京 200 か 3015 15 丹○
321- 4957 金 200 か 585 15 金○

SDG-LR290J1（JBUS）

321-16950 金 200 か 620 16 金○

SKG-LR290J2（JBUS）

331-16953 滋 200 か 1138 16 今○
331-16954 金 200 か 647 16 金○
331-16958 金 200 か 663 16 金○
331-16960 金 200 か 664 16 金○
331-17991 滋 200 か 1179 17 今○
331-17992 金 200 か 678 17 金○
331-17993 京 200 か 3426 17 京○

2KG-LR290J3（JBUS）

331-17996 金 200 か 683 17 金○
331-17997 滋 200 か 1206 17 今○
331-18990 金 200 か 713 18 金○
331-18991 滋 200 か 1206 18 今○
331-18992 金 200 か 714 18 金○
331-18993 金 200 か 715 18 金○

331-18995 金 200 か 724 18 金○
331-18996 京 200 か 3573 18 京○
331-18997 金 200 か 725 18 金○
331-18999 滋 200 か 1258 18 今○

QPG-LV234N3（JBUS）

531- 3940 京 200 か 2773 13 丹○
531- 4950 京 200 か 2955 14 丹○
531- 4951 京 200 か 2956 14 丹○
531- 4952 京 200 か 2957 14 丹○
521- 4954 京 200 か 3854 15 京○
521- 4955 金 200 か 583 15 金○
521- 4956 金 200 か 584 15 金○

QDG-LV290N1（JBUS）

531-16951 金 200 か 784 16 金○
531-16952 滋 200 か 1125 16 今○
531-16955 京 200 か 3300 16 京○
531-16956 京 200 か 3307 16 京○
531-16957 京 200 か 3308 16 京○
531-16959 京 200 か 3322 17 京○
531-17994 京 200 か 3424 17 京○
531-17995 京 200 か 3425 17 京○

QPG-LV290Q1（JBUS）

531-15941 京 200 か 3151 15 京○
531-15942 京 200 か 3152 15 京○
531-15943 京 200 か 3153 15 京○

2DG-LV290N2（JBUS）

531-18994 京 200 か 3569 18 京○
531-18998 京 200 か 3577 18 京○
531-19971 京 200 か 3706 19 京○
531-19972 京 200 か 3707 19 京○

2DG-LV290N3（JBUS）

531-19973 京 200 か 3773 19 京○
531-19974 京 200 か 3774 19 京○

KL-LV781R2（いすゞ）

641- 4979 な 200 か 652 05 大○
641- 4980 な 200 か 653 05 大○
641- 5974 な 200 か 1521 05 北○
641- 5975 な 200 か 1520 05 北○

KL-LV774R2（いすゞ）

641- 5971 京 200 か 3247 05 京○

PKG-RU1ESAJ（JBUS）

641- 6971 京 200 か 2916 06 京○
641- 6972 な 200 か 1827 06 北○
641- 6973 神 200 か 2439 06 神○
641- 6974 な 200 か 2602 06 北○
641- 6976 な 200 か 2605 07 北○
641- 6977 な 200 か 2601 07 北○
641- 6978 な 200 か 2301 07 北○
641- 7920 金 200 か 221 07 金○
641- 7921 金 200 か 778 07 金○
641- 7922 な 200 か 1061 07 北○
641- 7923 な 200 か 1104 07 北○
641- 7924 な 200 か 1105 07 北○
641- 8959 京 200 か 1891 08 京□
641- 8960 な 200 か 1202 08 北□
641- 8961 な 200 か 1821 08 大□
641- 8962 金 200 か 331 08 金□
641- 8963 な 200 か 1411 08 大□
641- 8971 金 200 か 762 08 金□
641- 8972 な 200 か 1178 08 北□
641- 8973 な 200 か 2074 08 北□
641- 8974 神 200 か 5220 08 神□
641- 8975 な 200 か 1189 08 北□
641- 8981 神 200 か 5522 08 神□

641- 8982 な200か1255 08 北◎
641- 8964 な200か1324 09 北◎

QRG-RU1ASCJ(JBUS)
641- 2901 な200か1756 13 大◎
641- 2902 な200か1757 13 大◎
641- 2903 京200か3094 13 京◎
641- 2904 な200か1829 13 大◎
641- 4920 な200か1860 14 大◎
641- 4921 な200か1861 14 大◎
641- 4922 な200か1862 14 大◎
641- 4923 な200か1863 14 大◎
641- 4924 な200か1872 14 大◎
641- 4927 京200か3708 14 京◎
641- 4928 金200か 782 14 金◎
641- 4929 京200か2962 14 京◎
641- 4930 金200か 573 14 金◎
641- 4932 な200か1896 14 北◎
641- 4933 な200か2518 14 大◎
641- 4934 金230あ1434 14 金◎
641- 4935 な200か2519 14 北◎
641- 4936 な200か2553 14 大◎

QTG-RU1ASCJ(JBUS)
641-15933 な200か2038 15 大◎
641-15934 神200か5140 15 神◎
641-15935 な200か2040 15 北◎
641-15936 神200か5500 15 神◎
641-15937 京200か3246 15 京◎
641-15938 な200か2052 16 大◎
641-15939 な200か2053 16 大◎
641-15940 な200か2054 16 大◎
641-16921 な200か2583 16 大◎
641-16922 金200か 779 16 金◎
641-16923 な200か2129 16 大◎
641-16924 な200か2130 16 大◎
641-16925 金200か 657 16 金◎
641-16926 金200か 658 16 金◎
641-16927 金200か 659 16 金◎
641-16928 金200か 661 16 金◎

641-16929 金200か 662 16 金◎
641-16930 な200か2150 16 大◎
641-16931 な200か2151 16 大◎
641-16932 な200か2152 16 大◎
641-16933 金200か 676 17 金◎
641-16934 な200か2170 17 北◎
641-16935 な200か2178 17 北◎
641-16936 な200か2179 17 北◎
641-16937 な200か2183 17 北◎
641-16938 な200か2186 17 北◎
641-16939 神200か4944 17 神◎

QRG-RU1ESBJ(JBUS)
641- 4931 な200か1936 15 大◎
641- 5920 な200か1970 15 大◎
641- 5921 な200か1971 15 大◎
641- 5922 神200か5592 15 神◎
641- 5923 神200か5593 15 神◎
641-15924 な200か1975 15 大◎
641-15925 な200か1976 15 大◎
641-15926 な200か1977 15 大◎
641-15927 な200か1978 15 大◎
641-15928 な200か1983 15 大◎
641-15929 な200か1984 15 大◎
641-15930 な200か1985 15 大◎
641-15931 な200か1996 15 大◎
641-15932 な200か1997 15 大◎

2KG-RU2AHDJ(JBUS)
641-17950 金200か 705 18 金□

2TG-RU1ASDJ(JBUS)
641-17931 な200か2235 17 北◎
641-17932 な200か2236 17 北◎
641-17933 京200か3440 17 京◎
641-17934 京200か3456 17 京◎
641-17935 な200か2243 17 大◎
641-17936 な200か2244 17 大◎
641-17937 な200か2245 17 北◎
641-17938 な200か2246 17 北◎

641-17939 な200か2247 17 北◎
641-17940 な200か2248 17 北◎
641-17941 京200か3469 17 京◎
641-17942 金200か 789 17 金◎
641-17943 な200か2258 17 北□
641-17944 な200か2268 18 北◎
641-17945 な200か2274 18 大◎
641-17946 金200か 704 18 金◎
641-17947 京200か3872 18 京◎
641-17948 金200か 707 18 金◎
641-17949 金200か 708 18 金◎
641-18930 な200か2320 18 大◎
641-18931 な200か2321 18 大◎
641-18932 な200か2331 18 大◎
641-18933 京200か3594 18 京◎
641-18938 な200か2371 19 北◎
641-18939 な200か2372 19 北◎
641-18940 な230あ 770 19 金□
641-19913 金200か 776 19 金◎

2RG-RU1ESDJ(JBUS)
641-19951 な200う 777 19 サ□
641-19953 な200い 7 20 サ□

NISSAN

ABG-DHW41(日産)
648-17401 な200か6666 17 サ□
648-19452 な801い 777 19 サ□

HINO

PB-RX6JFAA(JBUS)
647-17903 な200う7777 04 サ□

BDG-HX6JLAE(JBUS)
127- 8921 金230い 21 08 金○
127- 8922 金230い 22 08 金○
127- 8923 金230あ 23 08 金○

SDG-HX9JLBE(JBUS)
127- 3924 金230あ 24 13 金◎

KL-RU4FSEA(JBUS)
647- 5976 な200か1622 05 大◎
647- 5977 な200い1623 05 大◎
647- 5979 な200か2044 05 大◎
647- 5980 金200か 781 05 金◎

ADG-RU1ESAA(JBUS)
647- 5981 な200き1111 (06) サ□
647- 5982 な200う2222 (06) サ□
647- 5983 な200う3333 (06) サ□
647- 5985 な200か2302 06 北◎
647- 5986 な200い6666 (06) サ□

PKG-RU1ESAA(JBUS)
647- 7925 京200か3658 07 京◎
647- 8965 京200か2591 08 京◎
647- 8966 な200い1218 08 北◎
647- 8967 な200か2075 08 北◎
647- 8969 な200か2523 08 大◎
647- 8976 金200か 757 08 金◎
647- 8977 な200い1188 08 北◎
647- 8978 な200い1190 08 北◎
647- 8979 京200か3299 08 京◎
647- 8980 京200か2688 08 京◎
647- 8983 京200か2201 09 京◎
647- 9904 な200か1987 09 大◎

LKG-RU1ESBA(JBUS)
647-11905 な200か2189 (12) 大◎
647-11906 な200あ2020 (12) 大◎

SDG-RU8JHBA(JBUS)
647-16901 な200か8888 17 サ□
647-17902 な200い7777 17 サ□

QRG-RU1ASCA(JBUS)
647- 2905 金200か 675 13 金◎

647- 2906 金200か 675 13 金◎
647- 3920 金200か 510 13 金◎
647- 3921 金200か 618 13 金◎
647- 3922 京200か2727 13 京◎
647- 3923 神200か5501 13 神◎
647- 3924 神200か5523 13 神◎
647- 3925 神200か5082 13 神◎
647- 3926 京200か3104 13 京◎
647- 3927 神200か5209 13 神◎
647- 3928 神200か4702 13 神◎
647- 3929 神200か5078 13 神◎
647- 3930 神200か4206 13 神◎
647- 3931 神200か4207 13 神◎
647- 3932 神200か4283 13 神◎
647- 3933 神200か4284 13 神◎
647- 3934 神200か4701 13 神◎
647- 3935 神200か5336 13 神◎
647- 3936 神200か5335 13 神◎

2TG-RU1ASDA(JBUS)
647-18901 京200か3333 18 京□
647-18902 京200き5555 18 京□
647-18903 な230あ6666 18 北□
647-18904 金230い1111 18 金□
647-18905 金230あ2222 18 金□
647-19951 京200け7777 19 京□
647-19952 京200き8888 19 京□

2RG-RU1ESDA(JBUS)
647-19953 な230あ 248 19 金□
647-19954 な230あ 248 19 北□

MITSUBISHI FUSO

KC-MP717M(MBM)
534- 9903 京200か 19 99 京○

KL-MS86MP(MBM/MFBM)
644- 2978 金230あ5002 02 金●
644- 2980 金230あ5001 02 金●

644- 4973 京200か3563 04 京◎
644- 4976 京200か3562 04 京◎
644- 4977 神200か4669 04 神◎

MU612TX(MFBM)
744- 3987 な200か2200 03 大◎
744- 3988 な200か1518 03 大◎
744- 3989 な200か1511 03 大◎
744- 3991 な200か 589 03 大◎
744- 3992 な200か 587 03 大◎
744- 3995 な200か 502 03 大◎
744- 3998 な200か2443 03 大◎

BKG-MU66JS(MFBM)
744- 8984 な200か1323 09 大◎
744- 8985 な200か1350 09 大◎
744- 8986 な200か1325 09 北◎
744- 9901 な200か1395 09 北◎
744- 9905 な200か2604 10 大◎
744- 9906 な200か2603 10 大◎
744- 0901 な200か1508 10 大◎
744- 0902 な200か1509 10 大◎
744- 0903 神200か5351 10 神◎
744- 0904 な200か2584 10 大◎

2TG-MS06GP(MFBM)
644-18934 神200か5247 18 神◎
644-18935 神200か5280 19 神◎
644-18936 な200か2358 19 大◎
644-18937 な200か2359 19 大◎
644-19911 神200か5403 19 神◎
644-19912 神200か5404 19 神◎
644-19914 な200か2482 19 大◎
644-19915 な200か2501 20 北◎
644-19916 な200か2507 20 北◎
644-19917 な200か2508 20 北◎
644-19918 な200か2514 20 北◎
644-19919 な200か2513 20 北◎

SCANIA

TDX24(VANHOOL)
749-19941 な200か2431 19 大◎
749-19942 な200か2441 19 大◎

749-19943 な200か2444 19 大◎
749-19944 神200か5591 19 神◎
749-19945 な200か2459 19 北◎
749-19931 な200か2516 20 大◎
749-19932 な200か2515 20 大◎

749-19933 な200か2517 20 大◎
749-20934 な200か2536 20 大◎
749-20935 な200か2537 20 大◎
749-20936 京200か3903 20 京◎

■ 中国JRバス ■

ISUZU

BDG-RX6JFBJ(JBUS)
141- 8902 山200あ 297 08 山□
141- 8903 島200あ 200 08 島◉

KK-LR233J1(いすゞ)
321- 3918 広200か2352 (03) 東○
331- 3919 島200か 744 (03) 島○

SKG-LR290J1(JBUS)
331- 4953 広200か1899 14 広○

SDG-LR290J1(JBUS)
331- 4961 広200か2009 15 広○
331- 5952 広200か2043 15 広○
331- 5962 広200か2095 15 広○

SKG-LR290J2(JBUS)
331- 6960 広200か2211 16 広○
331- 7952 広200か2308 17 広○
331- 7954 広200か2315 17 広○

U-LV324L(富士)
531- 4464 広200か 933 (94) 東○
531- 4465 広200か 934 (94) 東○

KC-LV280N(いすゞ)
531- 7951 山 22う3283 97 山○
531- 7952 山 22う3285 97 山○

KL-LV280L1(いすゞ)
521- 2917 広200か2375 (03) 広○

521- 2918 広200か2376 (03) 広○
531- 3920 山200か1152 (03) 周○
531- 3921 広200か2397 (03) 広○

KL-LV280N1(いすゞ)
521- 3922 広200か2415 (04) 東○
521- 3923 広200か2494 (04) 広○

KL-LV280Q1(いすゞ)
641- 3917 広200か 637 04 広◎
641- 4903 広200か 691 04 広◎
641- 4904 広200か 692 04 広◎
641- 4905 広200か 693 04 東◎
641- 4906 山200か1124 04 山◎
641- 5909 山200か 982 05 周△
641- 5910 山200か 983 05 周△

PKG-LV234N2(JBUS)
531- 7910 広200か2085 07 広○
531- 7911 山200か 609 07 山○
531- 7912 広200か2086 07 広○
531- 7913 広200か2154 07 広○
531- 7914 広200か1008 07 広○
531- 7916 広200か1011 07 広○
531- 7917 広200か1012 07 広○
531- 7918 広200か1013 07 広○
531- 7919 広200か1014 07 広○
531- 8912 広200か1138 08 広○
531- 8913 広200か1139 08 広○
531- 8914 広200か1140 08 東○
531- 8915 広200か1141 08 東○
531- 8916 山200か 669 08 山○
531- 8917 山200か 670 08 山○

531- 8918 山200か 671 08 山○
531- 8919 広200か1169 08 広○
531- 8920 広200か1170 08 広○
531- 8921 広200か1171 08 広○
531- 9910 山200か 723 09 周○
531- 9911 山200か 724 09 周○
531- 9912 山200か 727 08 山○
531- 9913 山200か 728 08 山○
531- 9914 山200か 729 08 山○
531- 9915 広200か1283 09 東○
531- 9916 広200か1284 09 広○
531- 9917 広200か1292 09 広○
531- 9918 広200か1293 09 広○
531- 9919 広200か1294 09 広○

LKG-LV234N3(JBUS)
531- 1959 広200か1471 11 東○
531- 1960 広200か1472 11 広○
531- 1961 広200か1473 11 広○
531- 1962 広200か1474 11 広○
531- 1963 広200か1498 12 広○
531- 1964 広200か1499 12 広○

QPG-LV234N3(JBUS)
531- 2953 広200か1615 12 東○
531- 2954 広200か1616 12 東○
531- 2955 広200か1617 12 東○
531- 2956 広200か1618 12 東○
531- 2957 広200か1619 12 東○
531- 3960 広200か1793 13 東○
531- 3961 広200か1794 13 東○
531- 3962 広200か1795 13 東○
531- 3963 広200か1796 13 東○

531- 3964 山200か 922 13 山○
531- 3965 山200か 923 13 山○
531- 4960 広200か1944 14 東○
531- 5957 広200か2076 15 東○
531- 5958 広200か2077 15 東○
531- 5959 山200か1020 15 山○
531- 5960 山200か1021 15 山○
531- 5961 山200か1022 15 山○

QDG-LV290N1（JBUS）
531- 6951 山200か1063 16 山○

2DG-LV290N2（JBUS）
531- 7955 広200か2335 17 東○
531- 7956 広200か2336 17 東○
531- 8952 広200か2454 18 東○
531- 8953 広200か2455 18 東○
531- 8957 広200か2467 18 東○
531- 8958 山200か1198 18 山○
531- 8959 山200か1199 18 山○

2DG-LV290N3（JBUS）
531- 9966 広200か2578 19 東○
531- 9967 広200か2579 19 東○
531- 9971 広200か2582 19 東○
531- 9972 広200か2583 19 東○
531- 9973 山200か1235 19 山○

KL-LV781R2（いすゞ）
641- 4911 岡200か1140 04 岡○
641- 4914 岡200か 277 04 岡○
641- 5901 広200か2346 05 広○
641- 5902 島200か 439 05 浜○
641- 5903 広200か 784 05 広○
641- 5906 山200か1250 05 山○
641- 5907 岡200か 356 05 岡○
641- 5908 島200か 661 05 島○

KL-LV774R2（いすゞ）
641- 4910 島200か 722 04 島○

641- 4812 岡200か 810 04 岡○
641- 5804 島200か 578 05 浜○
641- 5805 島200か 579 05 浜○

PKG-RU1ESAJ（JBUS）
641- 6801 広200か 895 06 東○
641- 6902 広200か 896 06 エ□
641- 6903 島200か 826 06 島○
641- 6904 広200か 898 06 広○
641- 6905 広200か2598 06 広○
641- 7801 島200か 398 07 島○
641- 7802 島200か 399 07 島○
641- 7903 広200か 988 07 広●
641- 7805 島200か 686 07 浜○
641- 7806 島200か 687 07 浜○
641- 7807 広200か 997 07 広○
641- 7808 島200か 670 07 浜○
641- 7904 岡200か1693 07 岡□
641- 7909 広200か 990 07 広○
641- 8901 広230あ8901 08 エ□
641- 8904 広200か2552 08 エ□
641- 8905 広200か2034 08 広●
641- 8906 山200か 654 08 山□
641- 8907 島200か 611 08 島○
641- 8908 出200か 11 08 島○
641- 8909 島200か 382 08 島○
641- 8910 広200か1129 08 広○
641- 8922 島200か 394 09 島○
641- 9901 山200か1177 09 山□
641- 9902 島200か 806 09 浜□
641- 9902 岡200か1687 ⑼ 岡○
641- 9903 広200か2430 09 東□
641- 9903 岡200か1688 ⑼ 岡○
641- 9904 島200か 410 09 島○
641- 9905 島200か 411 09 島○
641- 9906 広200か1835 09 広○
641- 9907 広200か1253 09 広○
641- 9908 広200か1257 09 広○
641- 9909 島200か 636 09 島○
641- 0951 島200か 440 10 島□

641- 0952 島200か 441 10 島○

LKG-RU1ESBJ（JBUS）
641- 0953 島200か 627 11 浜□
641- 1951 島200か 808 11 島○
641- 1952 岡200か1131 11 岡○
641- 1953 広200か1475 11 東○
641- 1954 島200か 789 11 島○
641- 1955 山200か 817 11 山○
641- 1956 広200か1494 11 広○
641- 1957 山200か 830 11 山○
641- 1958 広200か1482 11 広○

QPG-RU1ESBJ（JBUS）
641- 2951 島200か 509 12 島○
641- 2952 島200か 510 12 島○
641- 3951 岡200か1221 13 岡○
641- 3952 島200か 532 13 島○
641- 3953 山200か 917 13 山○
641- 3954 島200か 743 13 島○
641- 3955 島200か 801 13 島○
641- 3957 広200か1812 13 広○
641- 3958 山200か 930 13 山○
641- 3956 広200か1869 14 広○
641- 3959 山200か 945 14 山○

QRG-RU1ESBJ（JBUS）
641- 4954 島200か 575 14 島□
641- 4955 山200か1188 14 山□
641- 4956 山200か 959 14 山□
641- 4957 広200か2676 14 広○
641- 4958 広200か2597 14 広○
641- 4959 広200か2664 14 広○
641- 5951 島200か 618 15 島○
641- 5953 広200か2059 15 エ□
641- 5954 島200か 828 15 島○
641- 5955 広200か2665 15 広○
641- 5956 島200か 626 15 浜○
641- 5963 岡200か1741 16 岡○
641- 5964 広200か2129 16 東□

641- 6952 島200か 671 16 浜◎
641- 6953 岡200か 1737 16 岡□
641- 6954 広200か 2189 16 エ□
641- 6955 広200か 2190 16 エ□
641- 6956 広200か 2191 16 エ□
641- 6957 広200か 2192 16 エ□
641- 6958 広200か 2198 16 東□
641- 6959 広200か 2199 16 東□
641- 6961 島200か 692 16 浜◎
641- 6962 広230き 320 17 エ□
641- 6964 広200か 2285 17 広□
641- 7951 広230い 3250 17 広□

2TG-RU1ASDJ(JBUS)
641- 7967 広200か 2392 18 東◎
641- 7968 広200か 2398 18 広◎
641- 7969 広200か 2399 18 広◎
641- 7970 広200か 2407 18 広◎
641- 8954 広230い 1801 18 エ□
641- 8955 広230あ 1802 18 エ□
641- 8956 広200か 2461 18 東◎
641- 8960 広200か 2470 18 広◎
641- 8962 広200か 2476 18 広◎
641- 8963 山200か 1200 18 山◎
641- 8968 広200か 2511 19 広◎
641- 9953 広230あ 1901 19 エ□
641- 9954 島230あ 1902 19 島□
641- 9955 山230い 1903 19 山□
641- 9956 広200か 2556 19 広◎
641- 9957 広200か 2557 19 広◎
641- 9958 広200か 2560 19 広◎
641- 9960 岡200か 1704 19 岡◎

2RG-RU1ESDJ(JBUS)
641- 7957 広200か 2348 17 エ□
641- 7958 広200か 2350 17 エ□
641- 7959 広200か 2355 17 エ□
641- 7960 出200か 9 17 島□
641- 7961 出200か 10 17 島□
641- 7964 広200か 2374 18 広◎

641- 7965 岡200か 1593 18 岡◎
641- 7966 岡200か 1596 18 岡◎
641- 8961 広200か 2471 18 広◎
641- 8964 広200か 2477 18 広◎
641- 8965 広200か 2486 18 広◎
641- 8966 広200か 2487 18 広◎
641- 8967 岡200か 1668 19 岡◎
641- 8969 広200か 2519 19 広◎
641- 9959 広200か 2562 19 広◎
641- 9961 岡200か 1705 19 岡◎
641- 9962 岡200か 1707 19 岡◎
641- 9963 岡200か 1708 19 岡◎
641- 9964 広200か 2573 19 広◎
641- 9965 広200か 2574 19 広◎

NISSAN DIESEL

KC-UA460LAN(富士)
538- 6953 山200か 979 96 山◎
538- 7951 山200か 820 98 山◎

KL-UA452TAN(西工)
648- 3912 広200か 2371 03 広◎

TOYOTA

LDF-KDH223B(トヨタ)
149- 4451 広200あ 416 14 東◎
149- 4452 広200あ 417 14 東◎

QDF-GDH223B(トヨタ)
149- 9470 広200あ 530 19 東□

HINO

SDG-HX9JLBE(JBUS)
137- 7962 広200か 2343 17 東◎
137- 7963 広200か 2341 17 東◎

SKG-KR290J1(JBUS)

337- 4901 山200か 1266 (14) ネ◎

KC-HU2MMCA(日野)
537- 6956 広 22く 4132 96 広◎
537- 6958 広 22く 4134 96 広◎
537- 7951 広 22く 4255 97 東◎
537- 7952 広 22く 4256 97 東◎

2RG-RU1ESDA(JBUS)
647- 9968 広200か 1904 19 エ□
647- 9969 広200か 1905 19 エ□

MITSUBISHI FUSO

KC-MK619J(MBM)
334- 6955 山 22う 3193 (96) ネ◎

PA-MK27FH(MFBM)
324- 5911 広200か 2383 05 広◎

U-MP618M(MBM)
534- 5967 山200か 877 95 周◎
534- 5968 山200か 980 95 山◎
534- 5971 山 22う 3133 95 山◎

KC-MP617M(MBM)
534- 6951 山200か 296 96 周◎
534- 6952 山200か 297 96 周◎
534- 6954 広 22く 4137 96 東◎
534- 6955 広 22く 4138 96 東◎
534- 6959 山 22う 3197 96 周◎

KL-MP35JP(MFBM)
644- 3914 広200か 640 04 広◎
644- 3915 広200か 641 04 広◎
644- 3916 広200か 643 04 広◎

PJ-MP35JM(MFBM)
524- 4915 広200か 2518 (04) 広◎
524- 4916 広200か 2534 (04) 広◎

524- 4917 広200 か 2535 ⑽ 広○	534- 9974 広200 か 2640 20 広○	QTG-MS96VP(MFBM)
	534- 9975 広200 か 2641 20 広○	644- 7953 岡200 か 1546 17 岡□
2PG-MP38FK(MFBM)		
534- 9951 広200 か 2546 19 広○	**MU612TX(MFBM)**	**2TG-MS06GP(MFBM)**
534- 9952 広200 か 2547 19 広○	844- 5912 広201 こ 1 ⑽ 広□	644- 8951 広200 き 1111 18 広□

●現有車両一覧表凡例

PA-LR234J　　(JBUS)
　　①　　　　　②

331-4901　金200か579　(05)　金　○
　①　　　　　④　　　　　⑤　　⑥　⑦

①車台型式（改は省略）
②ボディメーカー
③称号（後述のとおり）
④登録番号
　金：金沢／滋：滋賀／京：京都／な
　：なにわ／神：神戸／岡：岡山／島
　：島根／出：出雲／広：広島／山：
　山口
⑤年式（登録年西暦の下2桁）
　（　）：移籍車の新製時の登録年
⑥所属支店・営業所
　金：金沢／今：近江今津／京：京都
　／丹：京丹波／大：大阪／北：大阪
　北／神：神戸／サ：西日本JRバスサ
　ービス／岡：岡山／島：島根／浜：
　浜田／東：東広島／広：広島／エ：
　広島エキキタ／山：山口／周：周防
　／ネ：西日本バスネットサービス
⑦用途
　○：一般路線車／◎：高速車／●：
　定観車／□：貸切車／△：特定車

●西日本JRバスの称号解説
　3 2 1 - 1 6 9 5 0
　① ② ③　　④ ⑤　　⑥
①車体規格
　1：小型／3：中型／5：大型／6
　：中長距離・高速・観光／7：2階
　建て
②座席

2：混用シート／3：前向きシート
／4：リクライニングシート
③車種
　1：いすゞ／4：三菱ふそう／7：
日野／8：日産・日産ディーゼル／
9：その他
④購入または製造年度
　西暦の下2桁（2015年度前期までは
　下1桁）
⑤懸架装置
　9：空気ばね
⑥固有番号

●中国JRバスの称号解説
　3 3 1 - 4 9 5 3
　① ② ③　　④ ⑤　　⑥
①車体規格
　1：小型／3：中型一般路線／4：
中型観光／5：大型一般路線／6：
準高速・高速・観光／7：2階建て
／8：特殊自動車（オープンルーフ
バス等）
②座席
　2：混用シート／3：前向きシート
／4：リクライニングシート
③車種
　1：いすゞ／4：三菱ふそう／7：
日野／8：日産ディーゼル／9：ト
ヨタ
④購入または製造年度
　西暦の下1桁
⑤懸架装置
　4：板ばね／8：空気ばね（用途変
更・仕様改造車）／9：空気ばね
⑥固有番号

現有車両車種別解説

■西日本JRバス ■■■■■■
ISUZU ■■■■■■■■■■■■■■■

●PA-LR234J1　　　　　　　（13）

機関6HK1、軸距4400mmの中型エアサス車。前中引戸・逆T字型窓のエルガミオワンステップバス。冷房装置はサーモキング製で、側面表示器は前扉の後ろ。「JRならやまえきバス」用として新製されたが、現在は金沢で「まちバス」などに使用されている。

●SKG-LR290J1　　　　　　　（14）

機関4HK1、軸距4400mmの中型エアサス車。前中引戸・逆T字型窓のエルガミオノンステップバス。冷房装置はサーモキング製で、側面表示器は中扉の後ろにある。

●SDG-LR290J1　　　　　　　（15）

機関4HK1、軸距4400mm、AT仕様の中型エアサス車。前中引戸・逆T字型窓のエルガミオノンステップバス。冷房装置はデンソー製で、側面表示器は中扉の後ろにある。

●SKG-LR290J2　　　　　　　（16）

機関4HK1、軸距4400mm、AMT仕様の中型エアサス車。前中引戸・逆T字型窓（右中央2枚は固定窓）のエルガミオノンステップバス。冷房装置はデンソー製で、側面表示器は中扉の後ろにある。

●2KG-LR290J3　　　　　　　（17）

機関4HK1、軸距4400mm、AMT仕様の中型エアサス車。前中引戸・逆T字型窓（右中央2枚は固定窓）のエルガミオノンステップバス。冷房装置はデンソー製で、側面表示器は中扉の後ろにある。

●QPG-LV234N3　　　　　　　（3）

機関6HK1、軸距5300mmの中尺大型エアサス車。前中引戸・逆T字型窓のエルガノンステップバス。冷房装置はサーモキング製で、側面表示器は中扉の後ろ。4952は「森の京都」ラッピングバスである。

●QDG-LV290N1　　　　　　　（18）

機関4HK1、軸距5300mm、AT仕様の短尺大型エアサス車。前中引戸・逆T字型窓（右中央3枚は固定窓）のエルガノンステップバス。冷房装置はデンソー製で、側面表示器は中扉の後ろにある。

●QPG-LV290Q1　　　　　　　（19）

機関4HK1、軸距6000mm、AT仕様の長尺大型エアサス車。前中引戸・逆T字型窓（右中央3枚は固定窓）のエルガノンステップバス。冷房装置はデンソー製で、側面表示器は中扉の後ろにある。

●2DG-LV290N2　　　　　　　（20）

機関4HK1、軸距5300mm、AT仕様の短尺大型エアサス車。前中引戸・逆T字型窓（右中央3枚は固定窓）のエルガノンステップバス。冷房装置はデンソー製で、側面表示器は中扉の後ろにある。

●2DG-LV290N3　　　　　　　（1）

機関4HK1、軸距5300mm、AT仕様の短尺大型エアサス車。前中引戸・逆T字型窓（右中央3枚は固定窓）のエルガノンステップバス。冷房装置はデンソー製で、側面表示器は中扉の後ろにある。

●KL-LV781R2　　　　　　　（21）

機関10PE1、軸距6150mmの大型エアサス車。スイングドア・T字型窓（最前部・最後部は固定窓）・後面1枚窓のガーラHD。後部トイレつき4列シ

ートで、4979・4980は48人乗り、5974・5975は40人乗りの高速車である。

●KL-LV774R2　　　　　　　(22)

機関8TD1、軸距6150mmの大型エアサス車。スイングドア・固定窓・後面1枚窓のガーラSHD。中央トイレつき3列シートで、28人乗りの高速車である。

●PKG-RU1ESAJ　　　　　　(23)

機関E13C、軸距6080mmの大型エアサス車。6971〜6974・6976〜6978・7922〜7924・8959〜8964・8971〜8975・8981・8982はスイングドア・T字型窓（最後部は固定窓）・後面1枚窓のガーラHD。後部トイレつき4列シートで、50人乗りの高速車であるが、8959〜8963は貸切車に転用されている。7920・7921はスイングドア・固定窓・後面1枚窓のガーラHD。中央トイレつき3列シートで、28人乗りの高速車である。

●QRG-RU1ASCJ　　　　(24・25)

機関A09C、軸距6080mmの大型エアサス車。2901〜2904・4920〜4924・4927〜4930はスイングドア・T字型窓（最後部は固定窓）・後面1枚窓のガーラHD。後部トイレつき4列シートで、2901〜2904は54人乗り、4920〜4924・4927は44人乗り、4928〜4930は50人乗りの高速車である。4932〜4936はスイングドア・固定窓・後面1枚窓のガーラHD。中央トイレつき3列シートで、28人乗りのグランドリーム仕様高速車である。

●QTG-RU1ASCJ　　　　　(26〜28)

機関A09C、軸距6080mmの大型エアサス車。15933〜15937はスイングドア・T字型窓（最後部は固定窓）・後面1枚窓のガーラHD。後部トイレつき4列シートで、50人乗りの高速車。

15934は淡路花博20周年記念「花みどりフェア」ラッピングバスである。15938〜15940・16921〜16938は固定窓・後面1枚窓のガーラHD。中央トイレつき3列シートで、28人乗りのグランドリーム仕様高速車である。16939はスイングドア・固定窓・後面1枚窓のガーラHD。後部トイレつき4列シートで、40人乗りの高速車である。

●QRG-RU1ESBJ　　　　　　(29)

機関E13C、軸距6080mmの大型エアサス車。スイングドア・T字型窓（最後部は固定窓）・後面1枚窓のガーラHD。後部トイレつき4列シートで、50人乗りの高速車である。

●2KG-RU2AHDJ　　　　　　(30)

機関A05C、軸距4200mm、AMT仕様の9m尺大型エアサス車。スイングドア・T字型窓（最後部は固定窓）・後面2枚窓のガーラHD-9。トイレなし4列シートで、27人乗りの貸切車である。

●2TG-RU1ASDJ　　　(10・31・32)

機関A09C、軸距6080mm、19年式はAMT仕様の大型エアサス車。17931〜17935・17941・17944・17945・18930〜18933はスイングドア・固定窓・後面1枚窓のガーラHD。後部トイレつき4列シートで、17931・17932は44人乗り、17933〜17935・17941・17944・17945・18930〜18933は40人乗りの高速車である。17936〜17940・17942・17943・17946〜17949・18938〜18940・19913はスイングドア・固定窓・後面1枚窓のガーラHD。中央トイレつき3列シートで、28人乗りのグランドリーム仕様高速車であるが、17943・18940は貸切車（18940は「花嫁のれん」）として使用されている。

●2RG-RU1ESDJ　　　　　　(33)

機関E13C、軸距6080mm、AMT仕様の大型エアサス車。スイングドア・T字型窓・後面2枚窓のガーラHD。トイレなし4列シートで、54人乗りの貸切車である。

NISSAN

●ABG-DHW41 　　　　　(34)

機関TB45E、軸距3690mm、AT仕様の小型リーフサス車。スイングドア・引き違い窓・後面リフトつきのシビリアン。23人乗りの貸切車である。

HINO

●PB-RX6JFAA 　　　　　(35)

機関J05D、軸距3550mmの小型エアサス車。スイングドア・T字型窓のリエッセ。4列シートで、27人乗りの貸切車である。

●BDG-HX6JLAE 　　　　(36)

機関J05D、軸距4825mm、AT仕様の小型エアサス車。2扉・逆T字型窓のポンチョロング。「金沢ふらっとバス」に使用されている。

●SDG-HX9JLBE 　　　　(37)

機関J05E、軸距4825mm、AT仕様の小型エアサス車。2扉・逆T字型窓のポンチョロング。「金沢ふらっとバス」に使用されている。

●KL-RU4FSEA 　　　　　(38)

機関F21C、軸距6200mmの大型エアサス車。スイングドア・T字型窓（最後部は固定窓）のセレガR-FS。後部トイレつき4列シートで、40人乗りの高速車である。

●ADG-RU1ESAA 　　　(39・40)

機関E13C、軸距6080mmの大型エアサス車。5981～5983・5985はスイングドア・T字型窓（最後部は固定窓）のセレガHD。後部トイレつき4列シートで、40人乗り高速車であるが、5981～5983は50人乗りの貸切車として西日

本JRバスサービスに移籍。5982は日本旅行の契約輸送に使用されている。5986はスイングドア・T字型窓（最前部は固定窓）のセレガSHD。トイレなし4列シートで、54人乗りの高速車であるが、貸切車として西日本JRバスサービスに移籍した。

●PKG-RU1ESAA 　　　　(41)

機関E13C、軸距6080mmの大型エアサス車。スイングドア・固定窓のセレガHD。中央トイレつき3列シートで、28人乗りの高速車である。

●LKG-RU1ESBA 　　　　(42)

機関E13C、軸距6080mmの大型エアサス車。JRバス関東の高速車を改造。後部トイレつきで、11905は前部に個室タイプのプレシャスクラス4席、後部に3列配置のアドバンスクラス14席、11906は前部に個室タイプのプレシャスクラス6席、後部に3列配置のアドバンスクラス10席を装備する〈ドリームルリエ〉専用高速車である。

●SDG-RU8JHBA 　　　　(43)

機関J08E、軸距4200mmの9m尺大型エアサス車。スイングドア・固定窓のセレガHDショート。トイレなし4列シートで、27人乗りの高速車である。

●QRG-RU1ASCA 　　　　(44)

機関A09C、軸距6080mmの大型エアサス車。2905・2906はスイングドア・固定窓のセレガHD。中央トイレつき3列シートで、28人乗りの高速車である。3920～3936はスイングドア・T字型窓（最後部は固定窓）のセレガHD。後部トイレつき4列シートで、3920～3924は50人乗り、3925～3936は54人乗りの高速車である。

●2TG-RU1ASDA 　　　　(45)

機関A09C、軸距6080mmの大型エアサス車。スイングドア・T字型窓（最

前部は固定窓）のセレガHD。トイレなし4列シートで、18901〜18903は60人乗り、18904・18905・19951・19952は53人乗りの貸切車である。

●2RG-RU1ESDA （9・46）
機関E13C、軸距6080mm、AMT仕様の大型エアサス車。19953はスイングドア・T字型窓（最後部は固定窓）のセレガHD。トイレなし4列シートで、50人乗りの貸切車である。19954はスイングドア・T字型窓（最後部は固定窓）・リフトつきのセレガHD。トイレなし4列シートで、45人乗りの貸切車である。

MITSUBISHI FUSO
●KC-MP717M （47）
機関6D24、軸距5300mmの中尺大型エアサス車。前後引戸・逆T字型窓のエアロスターツーステップバス。冷房装置は三菱製で、側面表示器は後扉の前にある。

●KL-MS86MP （48・49）
機関8M21、軸距6150mmの大型エアサス車。スイングドア・T字型窓（最前部・最後部は固定窓）のエアロバス。後部トイレつき4列シートで、48人乗りの高速車であるが、2978・2980は北陸新幹線W7系カラーにラッピングされ定観車に転用されている。

●MU612TX （50・51）
機関8M21、軸距5650＋1250mmの大型エアサス車。スイングドア・固定窓のエアロキング。3987は1階トイレつき4列シートで、52人乗りのエコドリーム仕様高速車である。3988・3989・3991・3992・3995・3998は1階トイレつき3列シートで、39人乗りの高速車である。

●BKG-MU66JS （52・53）
機関6M70、軸距5500＋1250mmの大型エアサス車。スイングドア・固定窓のエアロキング。8984〜8986・9901・9905・9906は1階トイレつき4列シートで、56人乗りのエコドリーム仕様高速車である。0901〜0904は1階トイレつきで、1階プレミアムシート＋2階3列シート＝33人乗りのプレミアムドリーム仕様高速車である。

●2TG-MS06GP （54・55）
機関6S10、軸距6000mmの大型エアサス車。スイングドア・固定窓のエアロエース。後部トイレつき4列シートで、40人乗りの高速車。19911以降はフロントマスクが異なっている。

SCANIA
●TDX24 （5・56）
機関DC13、軸距5700＋1300mmの大型エアサス車。スイングドア・固定窓のアストロメガ。19941〜19945は1階トイレつき4列シートで、58人乗りのエコドリーム仕様高速車である。19931〜19933・20934〜20936は1階トイレつきで、1階4列シート＋2階3列シート＝39人乗りのグランドリーム仕様高速車である。

■中国JRバス
ISUZU
●BDG-RX6JFBJ （57）
機関J05D、軸距3550mmの小型エアサス車。スイングドア・固定窓のジャーニーJ。3列シートで、8902は22人乗り、8903は20人乗りの貸切車であるが、8903は島根県の観光地をラッピングされ定観車に転用されている。

●KK-LR233J1 （58・59）
機関6HH1、軸距4400mmの中型エアサス車。3918はちばグリーンバスから移籍。前中引戸・逆T字型窓のエルガミオワンステップバス。冷房装置はサーモキング製で、側面表示器は中扉

の後ろにある。3919は国際興業から移籍。前中引戸・逆T字型窓のエルガミオワンステップバス。冷房装置はサーモキング製で、側面表示器は戸袋の前にある。

●SKG-LR290J1　　　　　　（60）

機関4HK1、軸距4400mmの中型エアサス車。前中引戸・逆T字型窓のエルガミオワンステップバス。冷房装置はデンソー製で、側面表示器は中扉の後ろ。「めいぷる〜ぷ」に使用されている。

●SDG-LR290J1　　　　　　（61）

機関4HK1、軸距4400mm、AT仕様の中型エアサス車。前中引戸・逆T字型窓のエルガミオワンステップバス。冷房装置はデンソー製で、側面表示器は戸袋の前。「めいぷる〜ぷ」に使用されている。

●SKG-LR290J2　　　　　　（62）

機関4HK1、軸距4400mm、AMT仕様の中型エアサス車。前中引戸・逆T字型窓（右中央2枚は固定窓）のエルガミオノンステップバス。冷房装置はデンソー製で、側面表示器は戸袋の前。「めいぷる〜ぷ」に使用され、7952はハローキティ新幹線 ラッピングバスである。

●U-LV324L　　　　　　　　（63）

機関6QB2、軸距5000mmの短尺大型リーフサス車。東武バスから移籍。前中引戸・2段窓の富士ボディを持つツーステップバス。冷房装置はゼクセル製で、側面表示器は中扉の後ろに移設されている。

●KC-LV280N　　　　　　　（64）

機関8PE1、軸距5300mmの中尺大型エアサス車。前中折戸・引き違い窓のキュービックツーステップバス。冷房装置はゼクセル製で、側面表示器は中扉の後ろにある。

●KL-LV280L1　　　　（65・66）

機関8PE1、軸距4800mmの短尺大型エアサス車。2917・2918は神奈川中央交通から移籍。前中引戸・逆T字型窓のエルガワンステップバス。冷房装置はサーモキング製で、側面表示器は中扉の後ろに移設されている。3920・3921は国際興業から移籍。前中引戸・逆T字型窓のエルガワンステップバス。冷房装置はサーモキング製で、側面表示器は中扉の後ろに移設されている。

●KL-LV280N1　　　　　　（67）

機関8PE1、軸距5300mmの中尺大型エアサス車。神奈川中央交通から移籍。前中引戸・逆T字型窓のエルガワンステップバス。冷房装置はデンソー製で、側面表示器は中扉の後ろに移設されている。

●KL-LV280Q1　　　　　　（68）

機関8PE1、軸距5800mmの長尺大型エアサス車。前折戸・T字型窓のエルガツーステップバス。トイレなし4列シートで、55人乗りの高速車である。

●PKG-LV234N2　　　　（69・70）

機関6HK1、軸距5300mmの中尺大型エアサス車。7910〜7914・7916〜7919・8912〜8921・9912〜9919は前中引戸・逆T字型窓のエルガワンステップバス。冷房装置はデンソー製で、側面表示器は中扉の後ろにある。9910・9911は前中引戸・逆T字型窓のエルガノンステップバス。冷房装置はデンソー製で、側面表示器は中扉の後ろにある。

●LKG-LV234N3　　　　　　（71）

機関6HK1、軸距5300mmの中尺大型エアサス車。前中引戸・逆T字型窓のエルガワンステップバス。冷房装置はデンソー製で、側面表示器は中扉の後

ろにある。

●QPG-LV234N3　　　　　　（72）
機関6HK1、軸距5300mmの中尺大型エアサス車。前中引戸・逆T字型窓のエルガワンステップバス。冷房装置はデンソー製で、側面表示器は中扉の後ろにある。

●QDG-LV290N1　　　　　　（73）
機関4HK1、軸距5300mm、AT仕様の短尺大型エアサス車。前中引戸・逆T字型窓（右中央3枚は固定窓）のエルガノンステップバス。冷房装置はデンソー製で、側面表示器は中扉の後ろにある。

●2DG-LV290N2　　　　　　（74）
機関4HK1、軸距5300mm、AT仕様の短尺大型エアサス車。前中引戸・逆T字型窓（右中央3枚は固定窓）のエルガノンステップバス。冷房装置はデンソー製で、側面表示器は中扉の後ろ。8952から白色LEDが採用されている。

●2DG-LV290N3　　　　　　（4）
機関4HK1、軸距5300mm、AT仕様の短尺大型エアサス車。前中引戸・逆T字型窓（右中央3枚は固定窓）のエルガノンステップバス。冷房装置はデンソー製で、側面表示器は中扉の後ろ。白色LEDが採用されている。

●KL-LV781R2　　　　　　（75・76）
機関10PE1、軸距6150mmの大型エアサス車。4911・5906〜5908はスイングドア・T字型窓（最前部・最後部は固定窓）・後面1枚窓のガーラHD。トイレなし4列シートで、55人乗りの高速車である。4914・5901〜5903はスイングドア・T字型窓（最前部・最後部は固定窓）・後面1枚窓のガーラHD。後部トイレつき4列シートで、49人乗りの高速車である。

●KL-LV774R2　　　　　　（77・78）

機関8TD1、軸距6150mmの大型エアサス車。4910はスイングドア・固定窓・後面1枚窓のガーラSHD。中央トイレつき3列シートで、28人乗りの高速車である。4812・5804・5805はスイングドア・T字型窓（最前部・最後部は固定窓）・後面1枚窓のガーラHD。トイレなし4列シート55人乗りの貸切車であるが、いずれも高速車に転用されており、4812は後部トイレが設置され48人乗りとなっている。

●PKG-RU1ESAJ　　　（11・79〜87）
機関E13C、軸距6080mmの大型エアサス車。6903はスイングドア・固定窓・後面1枚窓のガーラSHD。中央トイレつき3列シートで、28人乗りの高速車である。6801・6902・7801・7802・7903・7805〜7808・7904・8904〜8906・9901〜9903・0951はスイングドア・T字型窓（最前部は固定窓）・後面2枚窓のガーラHD。トイレなし4列シートで、6801は55人乗り、6902は45人乗り、7801・7802・7903・7805〜7808・7904は53人乗り、8904〜8906・9901〜9903・0951は54人乗りの貸切車であるが、6801は西条駅〜広島空港リムジンバス、6902は広島ドラゴンフライズ専用バス、7903・8905は定観車（7903はめいぷるとりっぷカラー、8905はハローキティ新幹線 ラッピングバス）、7801・7802・7805〜7808は高速バスに転用されている。8901はスイングドア・固定窓・後面2枚窓のガーラHD。後部パウダールームつき3列シートで、24人乗りの貸切車である。8907〜8909・8922・9904・9905・0952はスイングドア・固定窓・後面1枚窓のガーラHD。中央トイレつき3列シートで、28人乗りの高速車である。6904・7909・9906はスイングドア・T字型窓（最

前部・最後部は固定窓）・後面1枚窓のガーラHD。後部トイレつき4列シートで、40人乗りの高速車である。6905・9908・9909はスイングドア・T字型窓（最前部は固定窓）・後面1枚窓のガーラHD。トイレなし4列シートで、55人乗りの高速車であるが、6905は広島空港リムジンバスに転用されている。8910・9907はスイングドア・T字型窓（最前部は固定窓）・後面1枚窓のガーラHD。荷物台つき4列シートで、43人乗りの広島空港リムジンバスである。岡山の9902・9903はスイングドア・T字型窓（最後部は固定窓）・後面1枚窓のガーラHD。後部トイレつき4列シートで、50人乗りの高速車。西日本JRバスからのリース車両で、称号が重複している。

● LKG-RU1ESBJ （7・8・88・89）
　機関E13C、軸距6080mmの大型エアサス車。0953・1951～1953はスイングドア・T字型窓（最前部は固定窓）・後面2枚窓のガーラHD。トイレなし4列シートで、54人乗りの貸切車である。1954はスイングドア・固定窓・後面1枚窓のガーラHD。中央トイレつき3列シートで、28人乗りの高速車である。1955～1957はスイングドア・T字型窓（最前部は固定窓）・後面1枚窓のガーラHD。トイレなし4列シートで、55人乗りの高速車（1957はハローキティ新幹線 ラッピングバス）である。1958はスイングドア・T字型窓（最前部は固定窓）・後面1枚窓のガーラHD。荷物台つき4列シートで、43人乗りの広島空港リムジンバスである。

● QPG-RU1ESBJ （90～93）
　機関E13C、軸距6080mmの大型エアサス車。3951～3953はスイングドア・

T字型窓（最前部は固定窓）・後面2枚窓のガーラHD。トイレなし4列シートで、54人乗りの貸切車である。2951・2952・3954・3955はスイングドア・固定窓・後面1枚窓のガーラHD。中央トイレつき3列シートで、28人乗りの高速車である。3956はスイングドア・固定窓・後面1枚窓のガーラHD。後部トイレつき4列シートで、40人乗りの高速車である。3957～3959はスイングドア・T字型窓（最前部は固定窓）・後面1枚窓のガーラHD。トイレなし4列シートで、55人乗りの高速車である。

● QRG-RU1ESBJ （12・94～96）
　機関E13C、軸距6080mmの大型エアサス車。4954～4956・5953・5964・6953～6959・6962はスイングドア・T字型窓（最前部は固定窓）・後面2枚窓のガーラHD。トイレなし4列シートで、54人乗りの貸切車であるが、6962はサンフレッチェ広島専用バスとして使用されている。4957・4958・5951・5954・5963はスイングドア・固定窓・後面1枚窓のガーラHD。中央トイレつき3列シートで、28人乗りの高速車である。4959・5955・5956・6952・6961はスイングドア・固定窓・後面1枚窓のガーラHD。4959・5955は38人乗り、5956・6952・6961は40人乗りの高速車である。6964はスイングドア・固定窓・後面2枚窓のガーラHD。後部パウダールームつき4列シートで、36人乗りの貸切車である。7951はスイングドア・固定窓・後面2枚窓のガーラHD。後部トイレつき4列シートで、38人乗りの「TWILIGHT EXPRESS 瑞風」専用貸切車である。

● 2TG-RU1ASDJ （97～99）
　機関A09C、軸距6080mm、18年度車

からはＡＭＴ仕様の大型エアサス車。8954・8955・9953 ～ 9955はスイングドア・Ｔ字型窓（最前部は固定窓）・後面２枚窓のガーラHD。トイレなし４列シートで、8954・8955・9953・9954は60人乗り、9955は53人乗りの貸切車である。7967 ～ 7970は折戸・Ｔ字型窓（最前部は固定窓）・後面１枚窓のガーラHD。トイレなし４列シートで、60人乗りの高速車である。8956・8962・8963・8968・9956 ～ 9960はスイングドア・Ｔ字型窓（最前部は固定窓）・後面１枚窓のガーラHD。トイレなし４列シートで、8956・8962・8963・8968は55人乗り、9956 ～ 9960は60人乗りの高速車。白色LEDが採用されている。8960はスイングドア・Ｔ字型窓（最前部は固定窓）・後面１枚窓のガーラHD。荷物台つき４列シートで、52人乗りの広島空港リムジンバス。白色LEDが採用されている。

●2RG-RU1ESDJ　（６・100・101）
　機関E13C、軸距6080mm、18年度車からはＡＭＴ仕様の大型エアサス車。7957 ～ 7959はスイングドア・Ｔ字型窓（最前部は固定窓）・後面２枚窓のガーラHD。トイレなし４列シートで、53人乗りの貸切車である。7960・7961・8969・9962 ～ 9965はスイングドア・固定窓・後面１枚窓のガーラHD。中央トイレつき３列シートで、28人乗りのグランドリーム仕様高速車。8969から白色LEDが採用されている。7964 ～ 7966・8961・8964 ～ 8967・9959・9961はスイングドア・固定窓・後面１枚窓のガーラHD。後部トイレつき４列シートで、40人乗りの高速車。白色LEDが採用されている。

NISSAN DIESEL
●KC-UA460LAN　　　　　（102）

機関PG6、軸距5240mmの中尺大型エアサス車。前中折戸・引き違い窓の富士ボディを持つツーステップバス。冷房装置は富士重工製で、側面表示器は中扉の後ろにある。

●KL-UA452TAN　　　　　（103）
　機関PF6H、軸距6500mmの長尺大型エアサス車。前折戸・Ｔ字型窓の西工ボディを持つツーステップバス。トイレなし４列シートで、55人乗りの高速車である。

TOYOTA
●LDF-KDH223B　　　　　（104）
　機関1KD、軸距3110mmのハイエースコミューター。東広島市「黒瀬さくらバス」に使用されている。

●QDF-GDH223B　　　　　（105）
　機関1GD、軸距3110mmのハイエースコミューター。貸切登録され、広島大学循環バスに使用されている。

HINO
●SDG-HX9JLBE　　　　　（106）
　機関J05E、軸距4825mm、AT仕様の小型エアサス車。１扉・固定窓のポンチョロング。西条市街地循環バス「のんバス」に使用されている。

●SKG-KR290J1　　　　　（107）
　機関4HK1、軸距4400mmの中型エアサス車。前中引戸・逆Ｔ字型窓のレインボーⅡワンステップバス。冷房装置はデンソー製で、側面表示器は戸袋の前。JR四国バスから西日本バスネットサービスに移籍し、「ひかりぐるりんバス」に使用されている。

●KC-HU2MMCA　　　　　（108）
　機関M10U、軸距5200mmの中尺大型エアサス車。前中４枚折戸・引き違い窓のブルーリボンツーステップバス。冷房装置はデンソー製で、側面表示器は中扉の後ろにある。

●2RG-RU1ESDA　　　　　（109）
　機関E13C、軸距6080mm、AMT仕様
の大型エアサス車。スイングドア・T
字型窓（最前部は固定窓）・リフトつ
きのセレガHD。トイレなし4列シー
トで、48人乗りの貸切車である。

MITSUBISHI FUSO ▰▰▰▰▰▰
●KC-MK619J　　　　　　（110）
　機関6D17、軸距4390mmの中型エア
サス車。前中折戸・引き違い窓のエア
ロミディMKツーステップバス。冷房
装置は三菱製で、側面表示器は中扉の
後ろ。中国JRバスから西日本バスネッ
トサービスに移籍し、「ひかりぐるり
んバス」に使用されている。

●PA-MK27FH　　　　　　（111）
　機関6M60、軸距4260mmの中型エア
サス車。前中引戸・逆T字型窓のエア
ロミディMKノンステップバス。冷房
装置はデンソー製で、側面表示器は前
扉の後ろ。「めいぷる〜ぷ」に使用さ
れている。

●U-MP618M　　　　　（112・113）
　機関6D22、軸距5300mmの中尺大型
エアサス車。5967・5968は前中4枚折
戸・引き違い窓のエアロスターツース
テップバス。冷房装置は三菱製で、側
面表示器は中扉の後ろにある。5971は
前中折戸・引き違い窓のエアロスター
ツーステップバス。冷房装置は三菱製
で、側面表示器は中扉の後ろにある。

●KC-MP617M　　　　（114・115）
　機関6D24、軸距5300mmの中尺大型
エアサス車。6951・6952・6959は前中
折戸・引き違い窓のエアロスターツー
ステップバス。冷房装置は三菱製で、
側面表示器は中扉の後ろにある。6954
・6955は前中4枚折戸・引き違い窓の
エアロスターツーステップバス。冷房
装置は三菱製で、側面表示器は中扉の

後ろにある。
●KL-MP35JP　　　　　　（116）
　機関6M70、軸距6000mmの長尺大型
エアサス車。前折戸・T字型窓のエア
ロスターツーステップバス。トイレな
し4列シートで、55人乗りの高速車で
ある。

●PJ-MP35JM　　　　　　（117）
　機関6M70、軸距5300mmの中尺大型
エアサス車。神奈川中央交通から移
籍。前中引戸・逆T字型窓のエアロス
ターワンステップバス。冷房装置は三
菱製で、側面表示器は戸袋の前にあ
る。

●2PG-MP38FK　　　　　　（2）
　機関6M60、軸距4995mm、AT仕様の
短尺大型エアサス車。前中引戸・逆T
字型窓のエアロスターノンステップバ
ス。冷房装置はデンソー製で、側面表
示器は戸袋の前。白色LEDを採用。
「めいぷる〜ぷ」に使用されている。

●MU612TX　　　　　　　（118）
　機関8M21、軸距5650＋1250mmの大
型エアサス車。JR東海バスの高速車
を改造。オープントップで、47人乗り
の貸切車。広島市内観光バス「めいぷ
るスカイ」で活躍していたが、現在は
JTBの契約輸送に使用されている。

●QTG-MS96VP　　　　　　（119）
　機関6R10、軸距6095mmの大型エア
サス車。スイングドア・固定窓のエア
ロエース。後部パウダールームつき4
列シートで、36人乗りのクラブツーリ
ズム契約貸切車である。

●2TG-MS06GP　　　　　　（120）
　機関6S10、軸距6000mmの大型エア
サス車。スイングドア・T字型窓（最
後部は固定窓）のエアロエース。トイ
レなし4列シートで、60人乗りのプリ
ンスホテル広島契約貸切車である。

西日本・中国ＪＲバスのあゆみ

text■ 鈴木文彦　　photo■ 鈴木文彦・編集部

　西日本ジェイアールバス（以下文中では西日本JRバスと表記）は、1988（昭和63）年４月１日にJR西日本自動車事業部のうち、近畿・北陸地方を分離・独立させて成立した。本社を大阪市此花区に置き、北陸、京都の２支店と本社直轄の大阪高速管理所、近江今津、大阪北、神戸の４営業所、京都支店管轄の京都、京丹波の２営業所、北陸支店管轄の金沢営業所、梅津（京都市）受託事業所を持つ。車両数267台、社員数713人である。乗合認可キロは4,938.5kmで、高速バスは36路線を運行し、一般路線は金沢（名金線）、近江今津（若江線）、京都（高雄京北線）、京丹波（園福線）に残る。貸切バスは17台保有し、石川、京都、大阪の全府県を営業区域とする。JRバスグループのなかでは"西バス"と呼ばれることが多い。子会社の西日本JRバスサービスは大阪市此花区（西日本JRバス本社隣接）に本社を置き、大阪府を営業区域として貸切バス11台を営業する。

　中国ジェイアールバス（以下文中では中国JRバスと表記）は、1988年４月１日にJR西日本自動車事業部のうち、中国地方を分離・独立させて成立した。本社を広島市南区に置き、岡山、島根、東広島、広島、広島エキキタ、山口の６支店と浜田、広島駅、周防の３営業所を持つ。車両数260台、社員数498人（パート社員含む）である。乗合認可キロは4,540.1kmで、高速バスは24路線、準高速バスは３路線を運行し、一般路線は東広島（西条線）、広島（雲芸南線・広浜線）、周防（光線）、山口（防長線・秋吉線）に残る。貸切バスは47台保有し、岡山、島根、広島、山口の全県を営業区域とする。また子会社の西日本バスネットサービスが、乗合バス２台で光市内循環「ひかりぐるりんバス」を運行している。

国鉄時代

■西日本の省営バスの発達

　省営バス第一号の岡多線に遅れること半年、1931（昭和６）年５月11日に三田

亀三線開業に合わせて設置された水口自動車所　防長線などで活躍したちよだバストレーラー

尻（現・防府）～山口間の三山線が開業し、山口自動車所が置かれた。1933（昭和8）年に山口～東萩間が開通し、防府～東萩間が防長線となった。1932（昭和7）年2月には亀三線（亀山～三雲ほか）が開業、水口自動車所が置かれた。

　省営バスは国鉄の鉄道との関連のもとに路線が選定されることになり、路線選定基準は鉄道の「先行・短絡・代行・培養」が"4原則"とされた。その後の展開はこれに則り、1933年から1937（昭和12）年までに倉敷線（倉敷～茶屋町）、広浜線（広島～浜田）、岩日線（麻里布（現・岩国）～日原）、園篠線（園部～篠山）、奥能登線（穴水～能登飯田）、金福線（金沢～古屋谷）、雲芸線（出雲今市（現・出雲市）～備後十日市（現・三次））と里熊線（三刀屋～木次）、大田線（赤名～石見大田（現・大田市））、若江線（近江今津～小浜）が開業し、篠山、穴水、森本、倉敷、横川、岩国、出雲今市、赤名、近江今津に自動車所が開設された。倉敷線は1937年に倉敷～岡山間の開業によって統合され両備線となった。

　1937年に自動車所は自動車区と改称、同年から戦時体制の1942（昭和17）年までの間には京鶴線（京都～鶴ヶ岡）、園福線（園部～福知山）、琵琶湖線（弘川口～木ノ本ほか）、近城線（加茂～信楽）、矢掛線（倉敷～矢掛）が開業し、京都・加茂自動車区と篠山自動車区桧山支区が設置された。この間、未成線だった紀勢東線と紀勢西線を先行する目的で尾鷲自動車区が開設され、尾鷲線（尾鷲～上木本／のちに紀南線）が新設された。また海軍の施設が多い呉や広、光の海軍工廠への工具輸送のため、光線（光～室積）、安芸線（広島～仁方）が新設され、光、海田市に自動車区が開設された。さらに輸送力不足の民間バスを補う目的で、西条線（広～西条）が新設され、海田市自動車区市飯田支区が開設された。

　この時点で中国地方の省営バス路線延長は460kmに達し、陰陽連絡を中心に距離が長く、鉄道と同等の使命を負う路線が多いのが特徴であった。とくに広島～浜田間120kmを通して走る路線は当時、全国でも有数の長距離バスであった。

■戦中戦後の省営バス

　戦局の拡大とともに、資材不足から鉄道の不採算線区はレールを撤去して鉄材を供出し、代行として省営バスを運行することとなった。そして1943（昭和18）年に信楽線が資材供出により休止されたのを受けて、近城線の延長（貴生川～信楽間）が行われ、加茂自動車区信楽支区が開設された。

戦時体制の資材統制下で使用された代燃バス

両備線の大量輸送に貢献したトレーラーバス

　終戦後、省営バスは荒廃した国土の復興をめざす国の政策に則り、復興輸送体制に入るとともに、開拓地域に路線を開設していった。とりわけ鉄道が脆弱で輸送力が不足していた地域では、鉄道の機能を補完する自動車輸送が求められた。近畿・北陸では名田庄線（小浜～納田終）、熊野線（紀伊田辺～請川）、大野本線（大野口～美濃白鳥）が新設され、奥能登線、園福線、金福線、園篠線などで延長が行われ、越前大野・紀伊田辺自動車区と同栗栖川支区が開設されている。

　中国では拠点のひとつの広島に原爆が投下されて焦土と化し、横川自動車区が壊滅状態となったため、しばらくは広島市への乗り入れができない状況から戦後がスタートした。地元の要望により秋吉線（山口～秋芳洞）、川本本線（石見大田～大朝）が新設され、山口自動車区秋吉支区、川本自動車区と同田所支区が開設された。また山口県営大島航路が国に移管されたのを受け、大島島内の事業者を買収した大島線が1948（昭和23）年に開業し、大島自動車区が開設された。

■戦後の復興と公共企業体への移行

　1949（昭和24）年6月、国鉄は独立採算の公共企業体－日本国有鉄道となり、自動車事業は日本国有鉄道自動車局の所管となった。1950（昭和25）年には担当陸運局ごとの地方自動車事務所が置かれ、自動車区は自動車営業所と改称されたほか、シンボルマークのツバメが決定された。1951（昭和26）年には国鉄バスも道路運送法の適用下に置かれ、民営バスと同条件となった。復興の名のもとに進出する国鉄バスを快く思わない民間事業者との間で相克が見られたが、1954（昭和29）年に運輸省の指導により国鉄も日本乗合自動車協会（現・日本バス協会）に加入し、民営バスと同じ土俵で運営することによって一応の決着を見た。

　国鉄バスは1950年代に主として民間事業者が対応しにくい地方路線を中心に展開、紀南線、敦賀線、九鬼線、浅井線、伊賀上野線、西脇線、金白北線、宝達線などが新設され、園福線は桧山へ、金福線は七尾、井波、城端へ、熊野本線は川湯温泉へ、若江本線は浜大津へ、亀草本線は近江下田へ、近城線は当尾へ、雲芸本線が松江と広島へ、秋吉線が美祢へ、川本線が江津へと各線で延長が相次ぎ、京鶴本線と名田庄線は堀越峠で接続した。森本営業所は移転して金沢営業所に、横川営業所は移転して広島営業所に、倉敷営業所は移転して岡山営業所になり、出雲今市は出雲営業所と改称された。福知山営業所の開設によって桧山はその支

佐波山トンネルの前に並んだ新車のいすゞBX

1953年から導入されたリヤエンジンの三菱R21

所となった。また町村合併による町名変更に伴い、1954年に市飯田は黒瀬営業所と改称されている。芸備線と並行する三次～広島間は、広島合同自動車の路線を譲り受けて雲芸南線とした。岩日線は1960（昭和35）年に鉄道の岩日線（岩国～錦町）が開通したのに伴い、岩益線と改称されている。

■「国鉄自動車の基本方針」の設定

　1957（昭和32）年に設定された「国鉄自動車の基本方針」のなかで、従来の"4原則"に鉄道の「補完」を加え（都市間を直行する中長距離路線や急行バスの設定に重点を置く）、鉄道の建設予定線・撤去路線の専用自動車道による代行輸送を検討、高速自動車道上での自動車運送事業（高速バス）を推進、といった内容が示された。

　これにもとづき、1962（昭和37）年の北陸トンネル開通に伴う北陸本線旧線撤去代行の杉津線、1964（昭和39）年の北陸本線電化後の旧線を代行する柳ヶ瀬線、1965（昭和40）年の建設線の五新線を専用道化してバス化した阪本線（五條～城戸）、1972（昭和47）年のローカル線廃止に伴う金津三国線、篠山線（篠山口～福住）と、鉄道転換路線が増えていった。一方、国鉄バスで先行していた紀勢本線が1959（昭和34）年に全通して国鉄バスは廃止、尾鷲営業所も廃止となって木本支所は紀伊田辺の支所となり、のちに移転して新宮支所となった。

　この時期には、周辺他社との調整によって路線を開発したケースが多い。ひとつの典型的な事例が東大阪線で、1954年に阪急バス、京阪自動車、近畿日本鉄道が協定で吹田～八尾間を申請、これに対して国鉄も、城東貨物線の旅客代行の名目でバス路線を申請して競願となった。紆余曲折のすえ、1958（昭和33）年に4社に免許が下り、4社が運輸協定を結んで運行することとなった。国鉄バスとしては初の大阪府内路線であり、まったく独立したエリアを構成する形であった。広島でも安芸線の区間に広島電鉄と呉市交通局が参入、中国陸運局の指導で3社共通乗車制が採用された。岩国地区では岩国市交通局との調整で、坂上線（岩国～秋中・片山）が新設された。岡山地区では両備バスとの調整により、1952（昭和27）年に両備バスが岡山～倉敷間に乗り入れ、国鉄バスは倉敷から金光へ延長した。山口県では防長交通の防府～山口間乗り入れとバーターで、柳井～室積間などに乗り入れた。また沿線の要望により1958年に開業した美伯線（津山～上

秋吉台で下車観光中の秋芳洞行き定期観光バス

1958年に開業した山口～博多間の関門急行線

井）も、中国鉄道や日ノ丸自動車との調整により実現している。

　貸切バス事業も1952年に初めて認可された。翌年までに六日市、川本、市飯田に、各１～２台の規模だが認可されている。定期観光バスも中国地方では1963（昭和38）年に大島島内周遊コースを日祝日運行で設定、これが呼び水となって1964年には岩益線に錦町から寂地峡などへ、1965年には防長線・秋芳線をつなぐ防府から秋芳洞へ、北陸では1974（昭和49）年に穴水・能登飯田～輪島間に定期観光便〈おくのと号〉が新設されている。

■長距離路線の展開

　前述の「国鉄自動車の基本方針」により、中長距離路線への進出が方向づけられたのを受け、国鉄は長距離路線の開発を進めることとなった。もともと中国地方の陰陽連絡バスは、戦前から広浜線と岩日線で長距離運行がされていたが、戦後1948年には広浜線に急行便が運行され、1952年から夜行便が加わった。1950年には雲芸線にも夜行便が設定されている。1952年11月から石見交通との協定で、広島～石見益田間の直通便を運行開始し、1964年には広島～出雲市間と広島～石見大田間、広島～津和野間に直通特急便が設定されている。

　山陽筋も免許区間が安芸線～岩益線～光線とつながったため、1962年には呉～広島～岩国～光～下松間急行便を設定、1968（昭和43）年には両備線が金光から福山へ延長され、岡山～福山間特急便が新設された。

　1958年に関門国道トンネルが開通し、国鉄は列車の直通していない山口・宇部地区と北九州をバスで結んで鉄道サービスを補完する計画を立てた。民間６社との競願となり、公聴会と協議の結果、国鉄と民間共同出資会社それぞれが運行することで合意、関門急行線（山口～博多）が開業した。このほか、1960年代には金沢～能登飯田間、京都～小浜間、五条～新宮間、名古屋～金沢間などの長距離路線が開業している。

　1957年７月に国鉄も出資する広島バスセンターが営業開始、広島市内に入る全路線が広島バスセンターに乗り入れた。1974年に近代的なビルに生まれ変わり、バスセンターはビルの３階に新設された。広島都市圏では外縁部の丘陵地のベッドタウン化が進み、郊外線の通勤需要が急増、1976（昭和51）年に高陽団地に国鉄バスが乗り入れた。

1964年に開業した「名神ハイウェイバス」

1975年に開業した「中国ハイウェイバス」

■名神ハイウェイバスの登場と東名・中国への展開

　名神高速道路が1964年に開通することが決まると、国鉄は1961（昭和36）年に名神高速道路上のバス事業免許を申請した。前後して民間も免許申請を行って13社の競願となり、日本の陸運史上空前の免許争奪戦となった。1964年7月には5日間にわたる運輸審議会の大公聴会が東京で開催され、9月に運輸大臣は答申を受けて「名神間のバス事業については国鉄、日本急行バスともう1社の民間会社に免許する」とした。この結果、国鉄は名神高速道路上に免許を取得し、1964年10月に名神高速線（名古屋〜新大阪間、名古屋〜神戸間）を「名神ハイウェイバス」の呼称で開業した。この時点では国鉄と日本急行バスの2社運行で、翌1965年に日本高速自動車が加わった。同年に名古屋〜京都系統を追加し、1968年には大阪の発着を新大阪から大阪駅に変更している。

　1969（昭和44）年6月には東名高速道路の開通を受けた東名ハイウェイバスと同時に、名神高速直通の東京〜京都・大阪・神戸間の夜行便〈ドリーム号〉が開業、本格的な夜行高速バスの草分けとなり、大きなインパクトを与えた。

　1975（昭和50）年に中国自動車道吹田〜落合間が開通、国鉄は1974年に神姫バスと運輸協定を結び、大阪駅〜津山・落合間高速バスを申請した。すでに神姫バスとの覚書を交わしていた阪急バスとの調整もできたため、聴聞会もスムーズに通過し、1975年9月に免許が下りた。こうして同年11月から「中国ハイウェイバス」の名で、中国高速線（大阪〜津山・落合インター間）が開業した。

■一般路線の盛衰

　1975年3月の山陽新幹線岡山〜博多間開業に伴い、陰陽連絡路線と観光路線は新幹線との連携を図るべく、広島駅新幹線口へ広浜線、雲芸南線、岩益線が乗り入れ、小郡駅（現・新山口駅）新幹線口には防長線が新たに乗り入れた。小郡〜東萩間には座席指定特急バス〈はぎ号〉を防長交通と別経路だが同一条件で利用できる形で運行開始した。同年7月には小郡〜秋芳洞間も防長交通との協定により開業、岩国〜津和野・益田間特急バスが新岩国駅に乗り入れた。

　一方、一般路線はモータリゼーションと過疎化によって1970年代以降利用者が激減し、経営を圧迫した。合理化の手段として1966（昭和41）年の京鶴本線（京都〜栂ノ尾間）、安芸線（広島センター〜呉本通間）、防長線（防府〜山口間）か

新幹線と連携した座席指定特急バス〈はぎ号〉

大島大橋を渡って大畠駅に乗り入れた大島線

らワンマン化に着手したが、道路事情が伴わなかったこと、労働組合との協議に時間を要したことから、民間事業者に比べてワンマン化の進行は遅かった。全乗合バスのワンマン化完了は1985（昭和60）年になる。

　1972年に国鉄は閑散路線について、シビルミニマムとして国鉄による運行が不可欠な路線を除き、輸送使命を終えたものとして沿線住民の理解のもとで廃止する方針を立てた。これにより、1972年から亀草線、若江線、紀南線、宝達線、上野線、園福線、両備線、光線、雲芸線、広浜線、岩益線、川本線、坂上線、防長線、瀬戸内東西線などで、支線や末端部を中心に廃止が進んだ。鉄道代行の杉津線（今庄〜大桐間）や柳ヶ瀬線の一部も廃止となっている。一方、1976年の大島大橋の開通で陸続きとなった周防大島の大島線は、大畠駅まで延長されている。

　1960年代に開発され、民営バスと切磋琢磨しつつ積極的に路線を延ばしていった長距離バスも、1971（昭和46）年に瀬戸内東線（岡山〜福山間）が廃止されたのを皮切りに、1970年代には撤退の道を歩むこととなった。1970年代半ばまでに京都〜小浜間、金沢〜能登飯田間直通便が廃止され、名金急行線の名古屋〜金沢間直通便も廃止された。また五新線も五条〜新宮間を通す便は奈良交通のみとなり、国鉄バスは熊野線が折立にアクセスするのみとなった。1978（昭和53）年には関門急行線も廃止となった。

■国鉄再建の波のなかで

　深刻な国鉄の経営悪化によって、1975年に「国鉄再建対策要綱」が閣議決定され、国鉄再建が本格的に議論されることとなった。そして1981（昭和56）年に日本国有鉄道経営再建特別措置法、いわゆる国鉄再建法が成立したことによって、国鉄は分割・民営化の道を歩むこととなった。国鉄バスについても、鉄道と同様に分割・民営化することとなり、数回の議論を経て1986（昭和61）年10月、「北海道・四国・九州は各旅客鉄道会社が直営し、本州はいったん旅客鉄道会社が引き継いだのち1988年度から分離・独立させる」という政府案が出された。これがバス事業の方向性を決めることとなり、旅客鉄道会社のエリア区分をにらんだ形で、1987（昭和62）年3月には自動車局内の管轄が変更され、中部地方自動車局管内だった近江今津、金沢、穴水の各営業所（いずれも支所・派出所含む）は、近畿地方自動車局に移管（大野は廃止）された。

民営化を前に近畿局に移管された穴水営業所

民営化を前に路線バス改造で増車した貸切バス

　民営化を控えた動きとして、1980年代には中国地方の陰陽連絡路線を中国自動車道への乗せ替えにより高速バスに移行した。また貸切バスは貴重な増収源であることから、1984（昭和59）年から民間並みのハイデッカータイプの新車が投入されて営業が強化され、高速・貸切のボディカラーもツバメの大きい新デザインに変更された。一方、不採算路線の休廃止は急ピッチで進められた。1984年には東大阪線が定時運行困難のため廃止となった。地方の一般路線は新会社へ移行する前に整理しておくという明確な意志のもと、1985年度には中国管内で、1986年度には近畿管内で、大規模な路線廃止が進められた。鉄道代替の金津三国線を含む大野営業所管内は、1987年３月末までに全廃された。

　1986年度末には〈ドリーム号〉に３軸スーパーハイデッカーが初導入され、体質改善がなされた。また同年度の新車はすでに移行後を考慮して投入されたものも多く、それまでの全国統一仕様を離れ地域的な特色が強まった。地域内の他社の動向に合わせ、岡山には国鉄バス初の前後扉車が、広島には側面方向幕が窓全面のサイズに拡大された車両が配置された。広島・川本では、在来の路線車の改造で中型貸切バスを増車したケースもあった。

■分割・民営化とさらなる分離・分割への道

　1987年４月１日、国鉄バスはJR旅客鉄道会社へ引き継がれ、各社の自動車事業部のもとで「JRバス」として営業を開始した。この時点では、各社は元の国鉄バスを営業所単位で同規模のまま引き継いだ。JR西日本は自動車事業部のもと、旧近畿管内（中部からの移管を含む）の９営業所は自動車事業部直轄、中国管内の11営業所は自動車事業部のなかに中国自動車部を置き、その管理下とした。高速バスは夜行〈ドリーム号〉を含む名神ハイウェイバスの一部と中国ハイウェイバス、中国地方における陰陽連絡型の中国道経由特急バスを国鉄から継承したが、７月20日に名古屋〜金沢間の北陸道特急バスが開業した。これは国鉄時代に申請されたもので、JR東海、名古屋鉄道、北陸鉄道との共同運行を構成した。一般路線は37路線で、広島都市圏輸送を除くと不採算路線が多かった。

　日本国有鉄道改革法等施行法第21条に「旅客会社は改革法第10条の規定の趣旨に従い、日本国有鉄道から引き継いだ一般自動車運送事業の経営の分離に関する検討を行い、その成立の日から６月以内に、その検討の結果を運輸大臣に報告す

1987年はJR西日本自動車事業部だった広浜線 　ピンクを配した新塗色となった西日本JRバス

るものとする」と規定されていた。JR各社は民営化1年後の1988年4月を実施目途に、バス事業の処遇について検討を行った。経営状況を見ながらほぼ半年間検討を行った結果、本州3社については、独立することによって積極的な事業展開と地域に密着したサービスが可能であり、バス専業で適正規模とすることで他のバス事業者とより良い競争・協調関係が形成でき、理解が得やすくなること、独立採算により経営責任の明確化が図れ、迅速かつ的確な経営判断が可能になるため、徹底した効率化を図れば経営安定が見込めること、バス事業にふさわしい経営体制を確立し、経営の効率化、社員のモチベーション向上、生産性の向上が図れること、地域と密着したきめ細かな営業展開によって輸送サービスの向上を図れることなどから、分離独立が適切であるとの判断に至った。JR西日本はそれぞれ2社に分割したうえで、鉄道会社から分離独立することとなった。

　分離するバス事業者は、いずれも各旅客鉄道会社が100%出資する会社となった。政府案では「近畿」と「石川」を分ける案も示されていたが、地域的な関連が強いこと、また石川単独では規模が小さく、独自で採算をとることは厳しいという見方から、両地域を1つの会社で運営するほうが望ましいとされた。分割をにらんで車両の償却状況を均等化するため、北陸・近畿と中国の間で転属が行われている。

　こうして1988年4月1日、西日本エリアのJRバスは「西日本ジェイアールバス」「中国ジェイアールバス」に移行した。

民営化後　西日本JRバス

■国鉄からのイメージチェンジ

　西日本ジェイアールバスは、1988年4月1日にJR西日本自動車事業部直轄の近畿・北陸地方を分離・独立させて成立した。当初の規模は車両数329台、金沢、穴水、近江今津、篠山、水口、加茂、京都、大阪、福知山、紀伊田辺の10営業所を擁し、一般路線は18路線を担当していた。

　比較的早く「国鉄色」を脱皮すべく、高速・貸切車の塗色を分社化してすぐに中央に斜めにピンクを配したデザインに改め、ツバメのマークを消した。まもな

首都圏夜行便使用のヨンケーレ製ダブルデッカー

明石海峡大橋開通により運行開始した高松線

く路線バスのデザインも同様に変更している。

■高速バス事業者としての展開

　JRバス他社と同じように、高速バスには力を入れていった。西日本JRバス初年度の1988年に大阪～福知山線、京都～金沢線を開業したのを皮切りに、他社の既存路線がない難波、堺などから松山、博多などへの長距離夜行路線、鉄道を補完する大阪～新宮間夜行バスなどを新設していった。

　既存の首都圏向けドリーム系統はJRバス関東との共同運行となり、1989（平成元）年3月に行先別に〈ドリーム大阪号〉〈ドリーム京都号〉といった愛称に変更するとともに、3列シートのスーパーハイデッカーに置き換えた。1990（平成2）年までには〈ドリーム奈良号〉〈ドリーム神戸号〉、南海電鉄を加えて〈ドリームなんば号〉〈ドリーム堺号〉を開設したほか、東京側で新宿駅新南口を起終点とする中央道経由のニュードリーム系統を追加していった。また横浜へのハーバーライト系統（大阪・京都）を神奈川中央交通と開設した。1991（平成3）年には首都圏向けにダブルデッカーを投入した。当初は後方にプラネタリウム調のデザインが入っていたが、その後ブルーとピンクのラインに変更されている。

　1998（平成10）年4月の明石海峡大橋開通に伴う神戸淡路鳴門自動車道の全通は、西日本JRバスの高速バス事業にとって大きなできごとであり、大阪・神戸から淡路島、徳島への高速バスを新設した。共同運行会社の本四海峡バスは海運業からの転身で、西日本JRバスがバス事業のノウハウを伝授した。淡路島、徳島への路線は他社グループとの競合ながら好調に推移、京都～徳島間を加えたほか、四国内の高速道路の延長に従って、2003（平成15）年までの間に阿南、高松（のちに一部丸亀・観音寺）、高知（のちに一部須崎）、松山（のちに一部八幡浜）への路線をまず大阪から運行開始し、その後、神戸、京都などを加えて展開していった。なお、規制緩和をにらみ、大阪・神戸～高松間は阪急バス・神姫バスなどの路線と2002（平成14）年に共同運行化している。

■一般路線の縮小

　一般路線は2002年度までの15年間に地域の理解を得ながら順次廃止が進められた。JR移行後は小型バス（1形）の積極的導入などによって効率化を進めていた

奥能登線などで活躍していた小型車いすゞMR

特別デザインをまとった貸切バスのUFCタイプ

が、1989年に第1回廃止計画を策定し、1992（平成4）年8月末までに名金線、柳ヶ瀬線、近城線、熊野線の一部など309kmが廃止となった。1993（平成5）年からは第2回廃止計画が進められ、1994（平成6）年4月までに京鶴線、琵琶湖線、亀草線、園福線の一部など157kmが廃止となった。2000（平成12）年には第3回廃止計画がスタート、2002年には126系統約590km、同社の営業キロの68％に及ぶ大規模な撤退を表明した。これにより、2002年度に名田庄線、敦賀線、奥能登線、阪本線、近城線、当尾線、亀草線、園篠線の全線と若江線、熊野線の一部が廃止となり、近江今津管内小浜支所、敦賀支所、木ノ本支所、金沢管内穴水支所、能登飯田派出所、福光派出所、紀伊田辺管内新宮支所、加茂営業所、福知山管内篠山支所、水口営業所が閉鎖された。また2009（平成21）年9月には熊野線からの撤退により、紀伊田辺営業所が廃止となっている。

■貸切バスとその他の事業

　貸切バスは32台でスタートしたが、以後の10年間で84台に増車した。営業区域も2府9県に拡大し、大阪、神戸、奈良、亀山に貸切センターを設置するなど、貸切バス営業拠点を整備した。車両もグレードアップと多様化を図り、スーパーハイデッカーなどには特別デザインを施した。この間、1995（平成7）年に発生した阪神・淡路大震災ではJR西日本の新幹線・神戸線が長期不通となり、代行輸送の幹事会社となったため、1月23日から3月31日まで鉄道代行輸送を行った。

　その後、貸切バスは減収に転じたため1998年度以降、淡路・四国方面の高速バス拡充に資源を回すこととし、2000年度に24台を減車した。車両はトイレとワンマン機器の設置改造を行い、高速バスに転用した。さらに一般路線からの撤退とともに2009年までに、福井県、三重県、奈良県、和歌山県、兵庫県の事業所廃止により、そこに配置していた貸切バスも撤収し、事業を縮小している。

近年　西日本JRバス

■高速バスの新たな動向

　京阪神～首都圏間には2001（平成13）年、4列シートで低運賃の〈青春ドリー

15mのダブルデッカー〈青春メガドリーム号〉

3種の座席を持つ〈プレミアムエコドリーム号〉

ム大阪号〉と、車両・乗務員の効率運用と新たな需要開拓を狙った〈東海道昼特急大阪号〉を新設、まもなく京都系統を追加するとともに中央道経由の〈中央道昼特急〉も加わった。2003年には全席女性専用席の〈レディースドリーム大阪号〉（翌年に京都号を追加）、2005（平成17）年に新型シートを装備した〈スーパードリーム号〉、4列貸切バスタイプで運賃を半額以下に抑えた〈超得割青春号〉、2006（平成18）年にプレミアムシートを開発してダブルデッカーの1階に装備した〈プレミアムドリーム号〉が加わった。

　これらは順調に伸びていたが、2000年代に入ると高速ツアーバスの台頭もあって大競争の時代となった。このため長年のノウハウを生かし、低価格のサービスからプレミアムなサービスまでをトータルで構築することで、2010年代までに首都圏〜近畿圏だけで十数種類のサービスパターンを用意した。この間には全長15mダブルデッカーによる〈青春メガドリーム号〉やダブルデッカーに3クラスをセットした〈プレミアムエコドリーム号〉も運行している。また新名神や新東名などの新設道路へ乗せ換え、スピードアップを行った。2010（平成22）年に行先別愛称を中止し、〈ドリーム号〉に戻している。その後、2014（平成26）年に改良したクレイドルシート装備の〈グランドリーム〉、2017（平成29）年に前方にプレミアムシート、後方に3列クレイドルシートを配置、パーテーションで各シートを区分して居住性をワンランク上げた〈ドリームルリエ〉を投入している。

　首都圏以外にも、高速道路の延長と需要動向の変化に合わせて京阪神から近畿・中国・北陸などへの路線を延ばしていった。とくに重点的に延びていったのが北陸方面で、2003年に大阪〜金沢・富山間昼夜を単独で開始したのを最初に、のちに青春系・グラン系を加え多様化していった。中国地方へは中国JRバスの路線の一部と共同運行する形で岡山、広島などへ展開、京都から出雲、米子、鳥取へも他社路線への参入を含めて展開した。JR九州バスとの大阪〜福岡間昼行便も設定している。また東海方面もJR東海バスとの共同で静岡、浜松、名古屋への夜行便、JRバス関東と長野県への青春系夜行路線を新設している。淡路島・四国方面は増便・系統新設が続くとともに、松山、高知へはグランドリーム車の投入によるグレードアップを図っている。さらに、もうひとつの拠点である金沢を中心とした路線展開も2000年代以降の特徴で、既設の金沢〜池袋間に加え、2004（平成16）年に新宿へJRバス関東と昼行便を走らせたのを皮切りに、首都圏のほか、近

西舞鶴駅前の〈若狭舞鶴エクスプレス京都号〉 | 長町武家屋敷跡を行く「金沢ふらっとバス」

年は仙台、四国、広島へと夜行路線を拡大している。このほか、近畿地方内では白浜に続いて京都から舞鶴・小浜、城崎温泉、大阪・京都・神戸から有馬温泉、三田プレミアムアウトレット、神戸から長島温泉などの路線を開発した。

　これらを含め、30年間に新設・リニューアルされた京阪神・金沢を中心とした高速バス路線は50路線を越える。2001年に開業した近郊からUSJ直行バスなどあまり伸びずに短期間で撤退した路線もあるが、高速バスは収益の６割超を占め、経営の柱としての地位を確固たるものにしている。車両は1999（平成11）年からブルーとピンクの曲線が前後から入るデザインとなり、2008（平成20）年にツバメが復活、2018（平成30）年の30周年にはさらにツバメが強調されたブルー・ピンク・赤の斜めラインのデザインが採用された。2006年にはJR高速バスのWEB予約システム「高速バスネット」の導入や高速バスロケの採用、近年では中国ハイウェイバスや淡路島系統へのICカード導入などサービスアップが続いている。

■残る一般路線のレベルアップと地域との連携

　縮小の結果、2004年度以降の一般路線は金沢・近江今津・京都・京丹波管内のみとなり、車両数は約40％、営業キロは５分の１、収益は６分の１に減少した。金沢では都市圏輸送が行われ、2011（平成23）年には香林坊など都心部への乗り入れが実現、2007（平成19）年には週末の都心部ショッピングシャトル「金沢まちバス」の運行事業者となり、追って2008年には金沢市のコミュニティバス「ふらっとバス」長町ルートを受託した。地元の北陸鉄道との間には相克もあったものの、2020（令和２）年には金沢市内１日乗車券の共通化などが行われた。

　京都市内は立命館大学輸送を含む市内需要と三尾・周山方面への観光需要に支えられて伸び、京都市交通局と連携して2020年に定期券の共通利用、2021（令和３）年に市内均一エリアの栂ノ尾拡大などを実施した。2015（平成27）年の金沢管内を最初にICカード「PiTaPa」を導入、2018年に全一般路線に拡大した。

　2006年度には金沢・福知山管内でオンデマンドフリーライドシステムの実証実験が行われた。また2007年３月から約２年、JR鉄道駅と住宅地・商業地を巡回する路線を平城山地区で実施したが、所期の効果が見込めず中止した。車両は2012（平成24）年からノンステップバス、2013（平成25）年の金沢配置車両から新デザインが採用され、2020年に一般路線車全車がバリアフリー対応となった。

山陽本線代行輸送を行う西日本JRバスサービス　新デザインになった国鉄時代採用の前後扉車

■新たな事業展開携

　2011年4月から京都市交通局の管理の受委託に受託事業者として参加、当初は横大路営業所を担当し、2014年3月からは梅津営業所に変わった。2021年3月には大阪シティバス酉島営業所の一部路線の運行を受託している。

　貸切バスは規制緩和による競合の激化などに伴い縮小傾向となり、車両更新に合わせる形で減車していった。2012年度には車両数が17台、営業区域も大阪府、京都府、石川県の2府1県に絞られ、貸切収入も1990年代の1割程度となった。しかし貸切バスの安全性向上に向け運賃制度が厳格化したのをチャンスに、2015年に貸切バスを担当する西日本ジェイアールバスサービスを設立、大阪府で15台を営業している。北陸新幹線の開通後ポテンシャルが上がる金沢からは、2015年から会員募集型の周遊観光バスを北陸3県広域に展開、2018年からは定期観光バスとして運行している。

　2014年に名神ハイウェイバスが、2019（令和元）年に〈ドリーム号〉が50周年を迎え、高速バス事業者としての信用とノウハウを確固たるものにする西日本JRバス。残った一般路線では新たな試みを次々に打ち出し、未来志向の取り組みが光っている。

民営化後　中国JRバス

■スタート時の状況と事業所の変遷

　中国ジェイアールバスは、1988年4月1日にJR西日本自動車事業部のうち、中国自動車部を分離・独立させて成立した。国鉄バス時代の中国地方自動車局管内とほぼ同じエリアである。当初の規模は車両数372台、岡山、出雲、川本、黒瀬、海田市、広島、岩国、大島、光、山口、秋吉の11営業所を擁し、一般路線は15路線を担当していた。

　社名表記は民間他社との混同を避ける意味もあって〝JRバス中国〟とされ、高速・貸切車の塗色や称号は国鉄時代からのものをほぼ踏襲、社章は1989年に新設されたJR中国の〝C〟で囲んだデザインとなった。路線バスのデザインは順次、明るいブルーと白の新デザインに改められた。

各社共通カラーの車両だった瀬戸大橋特急線

東急電鉄との共同運行で開業した出雲～東京線

　中国JRバスの特徴のひとつとして、貸切バスのシェアが比較的高いことがあげられる。会社発足時にすでに国鉄末期に獲得した39台をもってスタート、その後バブル期の需要を背景に増車していき、2004年度には89台まで拡大、鳥取県を除く中国4県を営業区域とした。営業力の強化を図るため、各営業所やターミナルに旅行業の「スワロートラベル」窓口を置き、積極的な営業活動を行った。

　一般路線の規模が大きく、高速バスや貸切バスの拠点となる広島では、1998年に海田市と広島を統合し、安佐北区に（新）広島営業所を新設した。2002年には支店制度を導入、岡山、広島、山口の各営業所は岡山支店、広島支店、山口支店となり、出雲は島根支店、光は山口支店周防営業所と改称した。また広島都市圏としての増強のなかで、広島支店黒瀬営業所は2010年に東広島支店として独立した。2019年には広島エキキタ支店を新設し、貸切バスの拠点としている。

■高速バス事業の拡大

　中国JRバスは当初から、収益性の厳しい一般路線をカバーする高速バスに力を入れ、発足後すぐに瀬戸大橋特急線（倉敷～高松間）を開業した。当時の高速バスは中国道を一部利用した陰陽連絡バス数路線のみだったが、1988年に出雲～東京線、1989年に広島～東京線と長距離夜行路線を開業したのを皮切りに、1990年代までに呉・広島～大阪・堺線、広島～名古屋線、津和野～新宿線と夜行路線を拡大、2000年にはJRバス関東の肩代わりで下関～東京線にも参入した。

　昼行路線は1989年の出雲～大阪線を最初に、1990年代は広島を中心に近距離の路線を展開した。浜田道の開通により広浜線を高速化、出雲へのノンストップ便を強化し、呉、広島大学へ同社で"準高速"と位置づける県内路線を展開、1993年には広島空港リムジンバスにも参入した。規制緩和の前後には既存路線への参入を含めて昼行路線新設が活発化、2000～2003年の間に広島から高松、岡山、福山、下関、松山、福岡、岡山から大阪、出雲、姫路、徳島、出雲・松江から神戸、京都、浜田から大阪、山口から福岡、光・徳山から福岡と展開していった。

　これらのうち半数弱は伸びがなく、比較的短期で廃止・撤退となっている。なお、中国JRバスの高速バスは必ずしも現地のJRバスとの共同運行ではなく、単独または地元の他社との共同運行での展開も多かったことが特徴である。2000年から数年間、高速バスはブルーとワインレッドの曲線が前後から延び、中央にアニ

2000年から新たなデザインとなった高速バス　　バスネットサービスの「ひかりぐるりんバス」

メチックなツバメが描かれたデザインとなった。

■一般路線の大幅な縮小

　一般路線の大半は中山間地域の不採算路線であり、1991年以降、撤退する動きとなる。1991年には秋吉線、岩益線の一部など、1992年には雲芸線、川本線、大島線、安芸線の一部などが廃止となった。1993年には安芸線や防長線の急行便の運行を中止、1994年には川本線、光線、雲芸線の一部が廃止となった。1998年には秋吉線小郡〜秋芳洞間を防長交通に委ねて廃止、広浜線、岩益線で長距離普通便が廃止となった。1999年には広浜線で普通便の広島直通の中止、矢掛線全線、雲芸線と川本線の一部が廃止となり、矢掛、松江などからJRバスが消えた。

　2000年には広浜線、坂上線、岩益線、秋吉線、雲芸線、川本線の6路線について、都市間バス・特急便以外のローカル便の大半を廃止する方針を沿線自治体に提示した。関係自治体が3県19市町村と多く調整が難航したため、予定より延期にはなったが、2003年3月いっぱいで、安芸線、雲芸線、広浜線、大田線、川本線、川本北線、雲芸南線、両備線の都市間系統を含む全線から撤退、これによりかつてはおそらく県別で最大規模の路線網だった島根県内からJRバスの一般路線が姿を消し、岡山県内もスクール便1系統を残して全面撤退した。さらに2007年には大島線を防長交通に移管して大島島内から撤退、島根管内川本支所、矢上・赤名派出所、周防管内岩国支所、大島支所、広島管内大朝派出所が廃止された。

　地域の動向に合わせて中国JRバスでは、1993年に広島県内、1996（平成8）年に岡山県内、1999年に山口県内で共通磁気カードを導入している。なお、2000年に西日本バスネットサービスを西日本JRバスと共同で設立、当初は路線代替バスの受け皿を目論んだが、その後の状況変化により、最初に移管した光市内循環「ひかりぐるりんバス」のみを運行している。

近年　中国JRバス

■高速バスの改善

　規制緩和後の2000年代には、倉敷・岡山〜横浜・東京間、岡山〜福岡間、出雲

東広島市から運行受託する「黒瀬さくらバス」 2008年に導入されたプレミアム仕様の貸切バス

・松江～名古屋間、広島～鹿児島間などの新設や既存の松江・出雲～福岡間への参入など、夜行路線の拡充もあったが、次第に拡充の中心は昼行高速バスにシフトしていった。陰陽連絡路線では、広島～大田市・江津は一般路線の撤退とともに廃止となったが、出雲と浜田については主力路線として定着している。また一般道の特急〈はぎ号〉は、山口萩道路の開通により2015年に直行高速バス〈スーパーはぎ号〉を新設し、一般路線は系統を短縮している。

　結果として長距離夜行便から県内クラスの中距離昼行路線まで、多数の高速バス路線を開拓、岡山、広島、出雲、山口などを拠点に東京、名古屋から近畿・北陸・中四国・九州に高速バスを展開していった。30年間に新設した高速バス路線は50路線を越える。もちろん拡大一辺倒ではなく、あまり伸びずに短期間で撤退した路線も少なくない。しかし長く続いた約20路線と、広島～呉間など"準高速線"を中心に、高速バスは収益の3割超を占め、経営の柱としての地位を確固たるものにしている。

■一般路線の基盤強化

　一般路線は縮小の結果、東広島、広島、山口の各支店と山口傘下の周防営業所の4事業所体制となり、広島管内以外の5路線が国および地方自治体からの補助路線となった。岡山県内で唯一残った中庄からの通学路線は2016（平成28）年に両備バスに移管し、岡山県内から一般路線が姿を消した。この結果、30年間で一般路線の車両数は約40％、走行キロは3分の1、収益は4分の1に減少している。それでもJRバスとしては数少ない都市圏輸送を広島都心と高陽団地などのベッドタウン地区で行っているため、一般路線のシェアはJRバスとしては高い。

　ICカードの導入は早く、「PASPY」を2008年に広島管内、2009年に東広島管内に導入した。山口県内は2021年3月にJR西日本の「ICOCA」を導入している。なお、東広島市とは交通ネットワーク形成で連携し、黒瀬地区、西条地区、広島大学地区などで市民参画や実証実験を含む複数の地域路線を展開している。また山口市とは常に交通政策で協力体制にある。

■貸切バスと観光路線の強化

　貸切バスは2000年前後に、需要の減退や規制緩和による競合の激化などで収入

当初は既存車両が充当された「めいぷる〜ぷ」

世界遺産定期観光用車両「めいぷるとりっぷ」

にも陰りが出たため減車に転じ、いったん55台まで減少したが、貸切バスは必要との考え方から、2010年度に64台（岡山8台、島根13台、広島30台、山口13台、その後県別車両数は調整）とし、以後これを維持する形をとっている。収益では全体の20%前後をキープしており、営業もひとつの経営の柱として強化され、車両はハイレベルで統一されている。1998年には特別仕様の中型車、2008年にはプレミアム車両が広島支店に導入されたほか、2017年からJR西日本の寝台列車「TWILIGHT EXPRESS 瑞風」専用バスも担当する。また広島では、地元スポーツチームとのタイアップによるラッピングバスが導入されている。

　近年大ヒットとなったのが、広島に新設した観光循環バス「めいぷる〜ぷ」とオープントップのダブルデッカーを使用した市内定期観光バス「めいぷるスカイ」であろう。2013年に運行開始した「めいぷる〜ぷ」は、広島駅新幹線口から広島市街地の観光スポットを巡るコースを毎時2〜3便の頻度で運行する路線バスで、すぐに外国人旅行者を含めて人気路線となり、まもなく3ルートに拡大した。当初は既存中型車のリニューアルで対応したが、翌年以降はノンステップの新車を配置、利用者の急増から2019年には大型を配置している。「めいぷるスカイ」は2014年春、広島市内定期観光バスとしてデビューした。高速バスで使用していたダブルデッカーをオープントップに改造し、その後2台に増車した。広島カープのリーグ優勝パレードでも活用され、中国JRバスのイメージアップに貢献している。ただし、2020年から定期観光バスとしては運行を休止している。「めいぷるスカイ」と同時にスタートした広島世界遺産定期観光バスも堅調で、2019年には竹原方面と岩国方面が加わっている。

　国鉄バス第一号の岡多線がJR東海バスの一般路線廃止によって消滅した今、山口〜防府間を中心とした防長線は最古のJRバス路線であり、2021年には90周年を迎える。伝統に裏づけられた地域の信頼を背に、安定した事業展開を進める中国JRバスである。

　参考＝『西日本ジェイアールバス25年史』、『(西日本JRバス) 会社発足30年を迎えて〜この5年の歩み』、『中国ジェイアールバス25年史』、『国鉄自動車50年史』ほか

すずき・ふみひこ◎1956年、甲府市生まれ。東北大学理学部地理学科卒業、東京学芸大学大学院修士課程（地理学）修了。以後、交通ジャーナリストとして活躍し、バス・鉄道に関する著書・論文など多数。

西日本・中国JRバスのいる風景

text&photo ■ 編集部

石川門を見上げて金沢駅をめざす名金線。1日フリー乗車券が使用できる金沢市内では観光客の利用も多い

近江今津と小浜を短絡している若江線。1969年に廃止された江若鉄道近江今津駅の旧駅舎の前を通過する

京丹波営業所が置かれた桧山は園福線の中間地点。国鉄時代の自動車駅の風情が漂うホームが残されている

千里ニュータウンから新御堂筋に合
流する名神ハイウェイバス。地下鉄
電車とすれ違いながら大阪駅へ急ぐ

御室仁和寺前で市バスとすれ違う高
雄京北線。2021年3月から市バス一
日券でJRバスにも乗車可能になった

原爆ドームを見ながら相生橋を渡る
「めいぷる〜ぷ」。広島観光に便利な
市内循環バスで、4ルートを運行

出雲市街をあとに斐伊（ひい）川を
越える〈ボート・レイク〉。神戸ま
でおよそ5時間20分の旅が始まる

浜田駅から広島駅に向かう〈いさり
び〉。陰陽連絡路線のひとつ広浜線
は俊足の高速バスに生まれ変わった

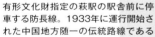

有形文化財指定の萩駅の駅舎前に停
車する防長線。1933年に運行開始さ
れた中国地方随一の伝統路線である

広島大学のキャンパスと西条駅を結
ぶ西条線。広大からは広島市内に直
行する高速バスも運行されている

富山・岐阜・広島の世界遺産

▲富山県五箇山に到着した「3つ星街道バス」
◀(上)岐阜県白川郷の重要文化財「和田家」
(下)広島県宮島の厳島神社。社殿だけではなく、周囲の海や原生林と合わせて世界遺産に

text ■ 谷口礼子　photo ■ 編集部

「バスとバスをバスでつなぐ」。金沢と広島という都市間バスでつなぐのは、2種類の定期観光バスである。西日本JRバスでは世界遺産・合掌づくり集落のある五箇山・白川郷へ。中国JRバスでは原爆ドームと宮島という2つの世界遺産を有する広島へ。日本の世界遺産を2日間でこれだけ巡ることができるのは、守備範囲の広い西日本・中国JRバスならではのことである。

たにぐち・れいこ◎1983年、横浜市生まれ。早稲田大学文学部卒業。俳優・ライターとして活動。映画『電車を止めるな！』に出演。

３つ星街道バス

乗車路線・区間・時刻・車両

【１日目】

金沢駅兼六園口９：１０

 ⇩ 定観／644-2980（金沢）

五箇山10：20

五箇山11：00

 ⇩ 定観／644-2980（金沢）

白川郷11：40

白川郷13：40

 ⇩ 定観／644-2980（金沢）

高山14：50

高山16：40

 ⇩ 定観／644-2980（金沢）

金沢駅兼六園口18：40

金沢駅兼六園口21：10

 ⇩ 高速／641-19913（金沢）

広島駅新幹線口８：13

定観バス	金沢駅兼六園口９：１０ 金沢駅兼六園口18：40

新幹線カラーのバスで春の車窓を行く

上野から北陸新幹線〈かがやき〉で２時間23分。６年前の北陸新幹線開業で東京からぐんと近くなった金沢駅。ガラスとアルミ合金を組み合わせた巨大な「もてなしドーム」から見上げる青空は、やや雲が多めである。

西日本JRバスが運行する定期観光バス「３つ星街道バス」は北陸新幹線開業５周年記念のラッピングで、新幹線と同じ白地に青と金のカラーをまとっていた。ドーム隣の円形バスターミナル・兼六園口４番乗り場。バスガイドの大窪まり子さんに「手の消毒、気になる方おいでたらどうぞ」と石川県の方言で消毒液を勧められ、手をこすり合わせながらバスに乗り込んだ。夫婦、カップル、母娘、ひとり旅といった風情の人々が次々と乗り込んで、今日一日をともにする20名の一行となった。「３つ星街道バス」（6,200円）は新型コロナウィルスの影響で運行をとりやめていたが、先週の３月13日から運行再開したばかり。今日の参加者20名は賑やかなほうだそうで、大窪さんも嬉しそうだ。「桜はまだですが、春の足音を楽しみにまいりましょう」というアナウンスが優しく響く。

金沢東ICから北陸道へ。遠くに雪の白山が見え、道沿いには桃の花が姿を見せる。田では川レンコンの収穫が真っ盛りだという。トンネルの多い東海北陸道に入ると、DVD『合掌造りは語る』を鑑賞。富山県の五箇山と岐阜県の白川郷の合掌づくり集落が世界遺産

▼ 金沢駅兼六園口で発車を待つ北陸新幹線カラーの「３つ星街道バス」。ガイドの大窪まり子さんのアナウンスで旅が始まった

▲ 北陸道と東海北陸道を通って富山県五箇山へ。合掌づくりの家が生活しながら保存されている「菅沼集落」を車窓から見学する

▼ 最初の下車観光は国の重要文化財に指定されている「村上家」。当主が"ささら"を使った「こきりこ踊り」を披露してくれる

に登録されたのは1995（平成7）年。越中と飛騨にまたがり南北に流れる庄川沿いに形成された合掌づくり集落の数々は、冬は雪に閉ざされる豪雪地帯にある。厳しい自然環境と伝統的な生活文化によって育まれた独特な建築技術と、しっかりした保存対策が講じられてきた集落としての希少価値が、世界遺産登録の決め手となったという。

民謡の調べに雪深い村の生活を想像

　長いトンネルを抜け、突然現れた雪景色に、バスのなかから歓声が上がった。3月も終わりというのに、雪の名残がそこかしこに残る。見下ろす谷あいには曲がりくねる緑色の庄川と、茅葺き屋根が見えた。五箇山ICから一般道に降り、「菅沼集落」を車窓から見学。合掌づくりの家が10軒、今も生活しながら保存されているという。庭に干された洗濯物の生活感に驚いた。

　10時20分、国の重要文化財の「村上家」で下車観光となる。築350年の合掌づくり家屋に初めて足を踏み入れた。床や柱が黒いのは、囲炉裏の煙で煤けたためで、当初は白木だったという。炭のくべられた囲炉裏端で、直垂（ひたたれ）姿の村上家ご当主のお話を聞いた。狭隘な庄川流域には米をつくる土地がなく、代わりに家の床下で塩硝という火薬をつくり、年貢として納めてきた。村上家も古くは本願寺、江戸時代は加賀藩に塩硝を納めてきたのだそうだ。

　ご当主が直垂を召しているのは、「こきりこ踊り」披露のためだった。五箇山地方に伝わる古代民謡『こきりこ節』に合わせて、竹製の"ささら"と呼ばれる楽器を鳴らしながら踊るもので、かつて秘境と呼ばれた山奥の暮らしを思い起こさせる。踊りはいつで

も見られるというわけでなく、「3つ星街道バス」の参加者のための特別な催しである。もの哀しい音階のメロディーと"ささら"の音が、囲炉裏の炭のはぜる音、家のまわりの水路を流れる雪解け水の音とともに心に残った。

世界遺産になった村と消えた村の桜

五箇山から30分ほどで、岐阜県側の世界遺産・白川郷に到着。五箇山より平地が広く、112軒の合掌づくり家屋が残る。下車観光時間で、各自昼食となった。合掌づくりの「いろり」で、「飛騨牛朴葉みそ焼定食」(1,900円)と、白川郷の米を使った「白川郷ビール」(850円)、「どぶろく」(300円)を注文。蕎麦、フキの小鉢にニジマスの甘露煮など、郷土の味を満喫した。

▲ 再び東海北陸道に乗って岐阜県白川郷へ。合掌づくりの「いろり」で「飛騨牛朴葉みそ焼定食」を食べ、展望台から集落を俯瞰
▼ 112軒ある合掌づくり家屋のなかから、ガイドさんオススメの「神田家」を見学する

集落を一望できる展望台まで歩いて上る。道端にフキノトウが芽吹き、雪解け水がしぶきをあげて流れている。青空が見えて気温が上がり、道に雪が残るというのに脱いだ上着を手に持って歩く人もめだった。展望台から見下ろしてみると、茅葺き屋根が可愛らしく同じ方角を向いている。屋根を乾いた状態に保つため、太陽が一番長い時間あたる向きに合わせているからだ。

白川郷では、実際に住民が生活しているいくつかの合掌づくり家屋を観光客に公開している。ガイドの大窪さんオススメの「神田家」を見学した。住人の方が丁寧に説明をしてくれる。大家族制で、家によっては30人以上が住んだという合掌づくりの家屋。家長夫婦が休む部屋や、独身男性が囲炉裏の火の番をする「火見窓」のある小部屋など、しきたりに従った生活スタイルが家のつくりに反映されていた。

バスで白川郷をあとにする。昭和30

年代から40年代初頭にかけて、合掌づくり集落では離村が相次いだ。生活様式の変化や過疎だけが理由でなく、ダムの建設によって消えた村も少なくない。1961（昭和36）年に完成した御母衣ダムでは、8村360戸の合掌づくり家屋が湖底に沈んだ。水没地点にあった2本のアズマヒガンザクラの古木を移植した「荘川桜」のエピソードをガイドの大窪さんから聞く。樹齢450年の桜を移植するのは難事業だったが、10年後の春には満開の花を咲かせ、故郷を失った人々の心を癒したという。

この桜に、心を動かされた人物がいる。JRバスの前身、国鉄バス名金線の車掌だった佐藤良二さんだ。荘川桜に感動した彼は、名金線の走る国道沿いに生涯で2,000本もの桜を植え続けた。名金線はかつて名古屋と金沢を結んだ国鉄バス最長の路線としても有名で、バスが走った道は別名「さくら道」と呼ばれるようになった。高速道路を使いながらも、名金線とほぼ同じルートをたどるバスで聞く桜の話はなおさら興味深い。東海北陸道ができる前を知るベテランガイドの大窪さんは、庄川に架かる橋を1つずつ渡り、曲がりくねる国道の車窓をガイドした思い出も話してくれた。高速道路の開通で、日帰りで高山まで足を延ばすことができるようになった。「3つ星街道バスは、当時からしたら夢のようなツアーです」という言葉が印象的だった。

▲ 満開の「荘川桜」の横を走る在りし日の名金線。車掌だった佐藤良二さんが植えた桜は美濃白鳥営業所の前でも花を咲かせていた

▼ さらに東海北陸道を南下して飛騨高山に到着。木造商家が軒を連ねる上三之町を歩く

古い黒の町並みで飛騨の酒を飲み歩き

14時20分、大窪さんのアナウンスが、次の目的地・飛騨高山に近づいたことを告げた。車窓に雪の北アルプスの稜線が美しく見えている。長野県との県境にある乗鞍岳・焼岳・穂高岳の

姿を目に焼きつけながら、配られた地図を手に高山の見どころを聞く。この事前レクチャーがとても役立つもので、自由選択の余地を残しながらも、下車時間を過不足なく使える観光プランを提示してくれるのがありがたい。

高山では約2時間、京の町に見立てたという碁盤の目状の町を自由に散策した。黒い木造商家が軒を連ねる上三之町は、買い物や食べ歩きを楽しむ人で賑わう。甘い味噌の香りに惹かれて「大のや醸造」に入った。天然味噌と醤油の醸造元だが、試飲一杯100円の「白酒」についつい目が行く。米麹の浮かぶしゃっきりとした冷たい甘酒、といった飲み口で、7度あるアルコールを感じずに飲み干してしまう。

続いて向かい合わせに杉玉が吊られた一角を発見。飛騨は酒どころ。道を挟んで2つの酒蔵が競っているのだ。お店を見比べ、「原田酒造場」を覗くことにする。するとなんと、試飲コーナーがあるではないか。350円のロゴ入り猪口を購入すれば、ずらり並んだお酒が1杯ずつ試飲できる。当然、挑戦である。14種類が並んでいたが、さすがに5種類くらいで自制。「純米上澄」という好みに合ったお酒が見つかり、大満足だ。お猪口は持って帰ることができ、良い記念にもなった。

さすがに飲んでばかりでは、と「高山陣屋」を見学する。江戸時代以降は天領だった高山藩だけあって、広大な敷地に建てられた陣屋は、各地の陣屋のなかでもかなりの規模である。葵の紋が掲げられた陣屋前では、地元の青年たちが翌日の「雫宮祭」の準備をしていた。新酒完成の祝いと五穀豊穣を願って、飛騨の若者が「酒樽神輿」を担ぐこの祭りも、いつか見てみたい。

▲「大のや醸造」で「白酒」を試飲。「原田酒造場」では「山車」など数種を飲み比べ

▼ 江戸時代に飛騨統治の執務が行われていた「高山陣屋」で御役所や御白洲などを見学

▲ 高山から城端（じょうはな）SAでの休憩
を挟んで2時間で金沢駅に帰着。西口にあ
る「アパスパ金沢駅前」で入浴を済ませる

▼ 兼六園口から徒歩3分の「高崎屋」で、九
谷焼の皿に盛りつけられた寿司を味わった

雨の金沢で百万石の加賀料理を愉しむ

　観光の行程は高山で終了となり、希望すれば高山でバスを降り、次の旅につなげることもできる。金沢へ帰るバスが出発した瞬間、フロントガラスに雨粒があたり始めた。ガイドの大窪さんが言う。「朝からの予報ではお天気が下り坂でしたが、北アルプスの稜線がくっきりと見えたのは、実は私も今年初めてでした。バスに乗るとともに雨脚がやってきたのは、皆様とてもタイミングが良かったと思います」。幸運な乗客のひとりである私は、暮れていく雨の高速道路の車窓を見ながら、旅とは毎回、季節や天気ごとに違うものだと改めて感じていた。ガイドの大窪さんはそれが旅の良さだと知っている。旅への入口をいくつも開いて見せてくれ、気に入ればまた来て、もっと良いあなただけの旅をしてください、と語りかけてくれる。そんな旅への入口を一日でたくさん知ることができるのも、定期観光バスの魅力であろう。

　18時30分過ぎ、雨の金沢駅に到着。駅前の「アパスパ金沢駅前」で入浴を済ませ、「高崎屋」で夕食にする。越中と飛騨は日中堪能してきたので、加賀の味を。「白えびの唐揚げ」（1,000円）に、「日本海の幸の握り寿司・竹」（9貫2,800円）と、加賀料理の代表「治部煮」（1,300円）である。治部煮は金沢特産のすだれ麩と鴨肉をだし汁で煮込むのが定番で、小麦粉でとろみがついた汁にわさびを添える。金箔が飾られており、いかにも加賀百万石である。上品なだしの風味と、うまみが閉じ込められた鴨肉に舌鼓を打った。お供は石川の地酒「常きげん」と「千枚田」である。結局、昼間から飲みっぱなし。これもバス旅の醍醐味だ。

百万石ドリーム広島号

高速バス	金沢駅兼六園口21：10
	広島駅新幹線口8：13

快適空間・走るホテルで広島へ一直線

　ライトアップされた金沢駅の兼六園口は「鼓門」と「おもてなしドーム」が雨に濡れて美しい。西日本JRバスと中国JRバスが共同運行する〈百万石ドリーム広島号〉は、朝と同じ金沢駅兼六園口４番乗り場から発車する。新型クレイドルシートを採用した2019年度導入の新車「グランドリーム号」がロータリーを回ってやってきた。

▲ 金沢駅から〈百万石ドリーム広島号〉に乗車。南条SAでの休憩後、岡山駅をめざす

▼ 西日本JRバス京都営業所で運転士が交代。岡山駅停車、吉備SA休憩、八幡PA休憩を経て８時ごろに広島駅新幹線口に到着した

　３列独立シートの車内に乗り込むと、運転士さんが「スリッパをお使いになったほうが楽ですから、どうぞ」と勧めてくれた。備えつけのスリッパに履き替え、プライベートカーテンを引けば、個室風の空間ができあがる。ここが今宵の宿である。クレイドルシートは、背もたれを倒すと座面が傾いて持ち上がる仕組みになっており、座席がしっかり体重を支え、身体がずり落ちないのが快適である。１人に１つあるコンセントに充電ケーブルをつなぎ、携帯の充電もバッチリだ。

　22時40分、最終乗車地の福井駅東口を過ぎると、「この先お客様のご乗車はありませんので、空いている席はご自由にお使いください」と親切なアナウンスが流れた。23時に消灯。トイレつきなので心配はないが、途中３回、サービスエリアで休憩もあった。

　翌朝５時過ぎの岡山駅でお客を降ろし、８時ごろ、走るホテル〈百万石ドリーム広島号〉は昨夜の金沢からおよそ600kmの広島駅新幹線口に到着した。実に11時間のバス旅であった。

▼ 「ハローキティ新幹線 ラッピングバス」で広島駅新幹線口を出発。ガイドの松村真由美さんの案内を聴きながら市街地を走る

ハローキティ新幹線 ラッピングバス

広島世界遺産定期観光バス

定観 バス	広島駅新幹線口8：50
	広島駅新幹線口16：30

原爆ドームが語り続ける原爆の惨禍

「本日は水と緑と文化のまち広島にようこそおいでくださいました」と、ガイドの松村真由美さんのアナウンスが始まった。中国JRバスが運行する「広島世界遺産定期観光バス」が今年、国内で一番早く桜の開花宣言があった広島の街を走りだす。

500系「ハローキティ新幹線」と連携したラッピングで、ピンク色の車体にキティちゃんが描かれたバスは、車内にもキティちゃんがいっぱい。思わず「可愛い〜！」と高校生のような声を出してしまった。昨日からの雨が上がることを期待した乗客は、3組6名の参加である。「広島世界遺産定期観光バス」（5,000円）は、「原爆ドーム」と「宮島」という広島の2つの世界遺産を巡る1日コースだ。車窓から広島城や紙屋町を見学すると、さっそく下車ポイントとなる。あの「原爆ドーム」がこれほど街なかにあることに、初めて来た人は誰でも驚くだろう。

元安川のほとりで、世界遺産「原爆ドーム」は、その異様な姿を雨にさらしていた。1945（昭和20）年8月6日の原爆投下から76年を経た今も、無残に廃墟と化しながらも立ち続ける建物の残骸を見るとき、人は心のざわめきを止めることはできない。「戦争の悲惨さ、命の尊さを伝える」という言葉はいくらでも聞いてきたが、それを何百回聞かされても、この建物をひとたび見ることにはかなわないだろう。世界遺産登録は1996（平成8）年。「人

類史上初めて使用された核兵器の惨禍を如実に伝えるものであり、時代を超えて核兵器の究極的廃絶と世界の恒久平和の大切さを訴え続ける人類共通の平和記念碑である」とされている。

　川の対岸を含めたこの地域は古くから繁華街で、現在「平和記念公園」として整備されている場所は被爆当時、4つの町内に住宅や商店がひしめき合っていた。一瞬にして町が消えた被害の状況を、さらに「広島平和記念資料館」で詳しく知る。照明を落とし、展示物を浮かび上がらせた館内展示に見入る人々はみな、口をつぐみ黙って目を見開いている。一瞬にして失われた生活や人生と、それでも続く時の流れは残酷だ。隣の男性がしきりに鼻をすり上げていることに気づいたとき、突然、感情の蓋が外れて涙があふれてきた。照明が暗くてよかった、と思った。資料館の廊下のベンチには、多くの人々が黙って腰かけていた。頭を抱え、また放心状態の人も多い。事実を知ると知らないとではまったく違う。私は今までここにやってこなかった自分自身を恥じていた。

▲ ガイドさんに連れられて「原爆ドーム」から「平和記念公園」へ。「平和記念資料館」では約1時間の見学時間がとられている

船上で開く行楽弁当と瀬戸内海の風景

　バスに戻ると、それぞれの座席にお弁当が配られていた。お弁当はこれから宮島まで、どこで広げてもよいとのこと。バスはさらに市内を車窓から観光しながら、広島港へ向かう。6本の川が流れる広島の街は戦後、緑化に力を入れてきたそうで、車窓に映る水と緑が美しい。ときおり松村さんがガイドするのは、原爆関連の遺構や保存物で、緑の葉が枝垂れる「被爆ヤナギ」、大きな赤レンガづくりの「旧広島陸軍被服支廠」のひしゃげた鉄扉も見え

▼ 広島港へ向かう車窓から、被爆建物の出汐倉庫（旧広島陸軍被服支廠）などを見学

▲ 広電の終点・広島港で下車。宮島口に回送
されるバスと別れ、高速船で宮島をめざす

▲ 瀬戸内シーラインの「おやしお」に乗り、
バスで配られた「むさし」の弁当を広げる

▼ 広島港から約30分で宮島の桟橋に到着。ガ
イドさんと一緒に厳島神社の入口まで歩く

た。被爆建物は市内にいくつも残され
てきたが、歳月を経るに従って、数は
減っているという。今は70あるかどう
かだそうだが、それぞれの建物には、
残そうとしてきた人たちの思いも重な
り、魂が宿っているようにも思えた。

　広島港でいったんバスと別れ、瀬戸
内シーラインの高速船で宮島へ。広島
港は宮島航路以外にも、呉・江田島や
松山行きの船が就航しており、旅の選
択肢が広がる港である。私は船のなか
でお弁当を広げた。ガイドの松村さん
によると「広島人大好き」の「むすび
のむさし」のお弁当である。港の売店
で買った缶ビールを開け、カキフライ
や小イワシの天ぷらをつまむ。銀し
ゃりむすびは、絶妙な塩加減が米その
ものの味を引き出している。瀬戸内の
凪いだ海に深緑の島影がいくつも浮か
び、カキの養殖イカダが見えてきた。

パワースポット宮島で心癒される時間
「宮島」が、広島の２つめの世界遺産
である。厳密には「厳島神社」と「厳
島神社前面の海および背後の弥山原始
林を含む区域」が指定されており、指
定範囲は島全体の14％に及ぶ。世界遺
産登録は1996（平成８）年で、「日本
人の美意識の一基準となった作品であ
り、日本人の精神文化を理解するうえ
で重要な資産」とされる。

　宮島桟橋に着くころには、雨はほぼ
上がっていた。散策で傘を手放せるの
は嬉しい。松村さんが厳島神社の目の
前まで案内してくれた。有名な大鳥居
は２年前から修復工事中で、足場で覆
われ、ほとんどその姿を見ることがで
きない。干潮時は鳥居の下まで歩ける
が、今日の鳥居は海のなかであった。

　厳島神社では拝観料（300円）を各

自支払い見学する。593（推古元）年創建と伝わり、1168（仁安3）年、平清盛によって現在の規模に造営された厳島神社。朱塗りの柱が整然と並び、回廊に囲まれた寝殿づくりの社殿は、満潮時には海に浮かんでいるように見える。現在の社殿は仁治年間（1240〜1243年）以降に再建されたものだが、それでも800年近く経っている。海水に浸かっては干上がりを繰り返す木造建築が、よく保存されてきたものだ。

今日は厳島神社の足元にまで潮は寄せていなかった。そのため、柱の根元が見え、海水の浸食で傷んだ柱を新しい木材に接ぎ直し、修復作業を行っている様子がよく観察できた。

厳島神社を出ると、バスで配られたガイドさん手描きのイラストマップを手に、宮島の自由散策時間である。雨が上がり、神獣とされる鹿も姿を見せる。松村さんオススメの宮島最古の寺院「大聖院」に足を運んだ。1200年の

▲ 厳島神社の鳥居は現在修復工事中。記念撮影したあと、朱塗りの社殿で参拝を行う

▼ ガイドさんオススメの「大聖院」を訪ね、豊国神社の「千畳閣」でひと休みする

歴史を持つお寺で、緑に苔むした岩の姿に心洗われる。境内の桜はちょうど見ごろである。石段の横に赤い毛糸の帽子をかぶった五百羅漢像が並ぶ一角があり、一体一体、表情や身振りが違う石像に心惹かれた。

歩き疲れたときは、豊臣秀吉が建立した豊国神社の「千畳閣」がよい。高台に建つ広い板張りの建物には壁も扉もなく、風が吹き抜ける。縁側に座ると海が見え、開放的ですがすがしい気分が味わえた。秀吉の死によって未完成のままになったという千畳閣だが、もしも秀吉好みの豪華な装飾が施されていたとしたら、これほど心の落ち着く場所ではなかったかもしれない。

宮島のメインストリートである「清盛通り」で、お土産の「もみじ饅頭」

▲ 宮島のメインストリート「清盛通り」を歩き、「もみじ饅頭」を試食したり買ったり

▼ JR西日本の宮島フェリーで宮島から宮島口へ。待っていたバスに乗って広島駅に戻る

を調達し、集合場所の宮島桟橋に到着したのは、集合時間5分前であった。定期観光バスのガイドさんのオススメルートは、見学時間まで考慮された完璧なものだ。どうしても見たいものがあるとき以外は、ガイドさんの案内どおりに歩いてみるのが正解である。

定期観光バスならではの魅力を知る旅

　宮島からの帰路は、JR西日本宮島フェリーだった。行きの高速船の30分に対して、帰りの乗船時間は約10分。あっというまに宮島口に上陸し、久しぶりにハローキティのバスに乗車する。松村さんから、ここでクイズが出題された。「宮島は神が宿る島なので、あってはならないものが2つあります。それは何でしょうか」──答えはお墓と産院。生死にかかわるものは神域を汚すとされ、島に住む人はお産や埋葬のために、今でも本土へ渡るという。島の人口は1,800人弱で、過疎化が進む。「島に住みたい、という方がいらしたら大歓迎です」と松村さん。昨日の合掌づくり集落といい、世界遺産の地に住むのは、大変なことだろう。

　松村さんの案内はお土産情報・観光情報と幅広い。さらに広島を楽しみたい人には、市内循環バス「めいぷる〜ぷ」がオススメだという。1乗車200円、1周1時間弱なので、乗っているだけでも車窓から観光ができるという便利情報も手に入れ、予定時刻の16時30分ごろ、バスは広島駅に到着した。

　2日で2つの都市を訪れ、3つの世界遺産を巡る日程はハードだったが、定期観光バスを通して、旅を愛し、その土地を愛する人たちに出会うことができたのは、何よりの収穫であった。

〔2021年3月20〜21日取材〕

BUSJAPAN HANDBOOK SERIES

No	タイトル（その他の収録事業者）	発行年
S87	都営バス	2015年発行
S88	京都バス・京福バス（グループ3社）	2015年発行
S89	東武バス・東野バス（グループ6社）	2015年発行
S90	越後交通（グループ2社）	2015年発行
S91	朝日バス（グループ8社）	2016年発行
S92	奈良交通（グループ1社）	2016年発行
S93	福島交通	2016年発行
S94	箱根登山バス・東海バス（グループ6社）	2016年発行
S95	広電バス（グループ1社）	2017年発行
S96	関鉄バス（グループ3社）	2017年発行
S97	名鉄バス（グループ2社）	2017年発行
S98	小田急バス・立川バス（グループ2社）	2018年発行
S99	小湊バス・九十九里バス	2018年発行
S100	北海道中央バス（グループ3社）	2018年発行
V101	京阪バス（グループ2社）	2019年発行
V102	京成バス（グループ6社）	2019年発行
V103	新潟交通（グループ2社）	2020年発行
V104	阪急バス（グループ2社）	2020年発行
V105	岩手県交通	2021年発行
V106	西日本JRバス　中国JRバス（グループ2社）	2021年発行

定価1,100円（本体1,000円＋消費税）

送料　180円（1～3冊）　360円（4～6冊）

【ご購読方法】

ご希望の書籍のナンバー・タイトルを明記のうえ、郵便振替で代金および送料を下記口座へお振込みください。折り返し発送させていただきます。

郵便振替口座番号：00110-6-129280　加入者名：BJエディターズ

※お申し込みの際には、必ず在庫をご確認ください。

※在庫および近刊、取扱書店等の情報は、ホームページでもご覧いただけます。

BJハンドブックシリーズ V106

西日本JRバス 中国JRバス

ISBN978-4-434-28814-2

2021年5月20日発行

編集・発行人　加藤佳一

発行所　BJエディターズ　☎048-977-0577
〒343-0003　埼玉県越谷市船渡360-4
URL　http://www.bus-japan.com

発売所　株式会社星雲社　☎03-3868-3275
（共同出版社・流通責任出版社）
〒112-0005　東京都文京区水道1-3-30

印刷所　有限会社オール印刷工業

終点の構図

室積公園口
MUROZUMI-KŌEN-GUCHI

　JR山陽本線の光駅から4車線の国道188号を淡々と走ってきたバスは、室積の交差点で右折し、周防灘に突き出した小さな半島に入る。岬の集落の狭い一方通行路を抜けると、重厚な仁王門が現れ、その傍らで終点となった。

　仁王門を構える普賢寺は1006（寛弘3）年創建の古刹である。播州書写山円教寺の住職だった性空上人が夢のお告げで当地に滞在。漁師が沖で見つけた霊像を安置した庵が起源といわれ、"海の菩薩"と呼ばれているという。

　境内には後白河法皇に仕えた平康頼の歌碑が残る。平家討滅の討議に加わって清盛に捕らえられ、島流しになって周防灘を下る途中、時化に遭って停泊した当地で出家。「ついにかく　そむきてはけむ　世の中を　とくすてざりし　ことぞくやしき」と歌って、鹿児島の離島に流されていったそうだ。

　かすかな潮の香りに振り返れば、集落の向こうに周防灘が見えた。波静かな海を眺めながら、クルマも鉄道もなかったはるか昔、船で行き交ったであろうさまざまな旅人の姿を想像した。

　集落から右手に延びた半島の先は、その形から象鼻ヶ岬と名づけられている。バス停名の室積公園は、この岬一帯に広がる原生樹林の景勝地である。

〔2021年3月22日取材〕

text&photo ■ 加藤佳一

西日本JRバスの路線エリア （2021年3月1日現在）

【本社・営業所所在地】

本社	大阪市此花区北港1－3－23
金沢営業所	金沢市乙丸町丙43－3
近江今津営業所	高島市今津町今津448－25
京都営業所	京都市南区吉祥院三ノ宮町120
梅津営業所	京都市右京区西院笠目町9-15
京丹波営業所	船井郡京丹波町横爪桧山37－2
大阪高速管理所	大阪市此花区北港1－3－23
大阪北営業所	大阪市北区豊崎6－2－31
神戸営業所	神戸市中央区港島4－6－2

【凡 例】

- 本社・支店・営業所
- 起終点・駅
- ── 西日本JRバス路線（コミュニティバス・高速バスを除く）
- ── JR線
- ── 第3セクター線

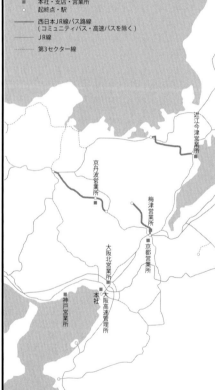

【高速バス】

金沢駅～仙台駅（百万石ドリーム政宗）
大阪駅・京都駅～東京駅（グラン昼特急）
大阪駅～東京駅（青春昼特急）
大阪駅～東京駅（ドリームルリエ）
三宮BT～東京駅（プレミアムドリーム）
USJ・大阪駅・奈良駅・京都駅～東京駅・TDL（グランドリーム）
三宮BT・大阪駅・奈良駅・京都駅～東京駅・TDL（青春エコドリーム）
USJ～東京駅（青春中央エコドリーム）
金沢工業大学前～TDL（グランドリーム金沢）
金沢工業大学前～TDL（青春ドリーム金沢）
大阪駅～横浜駅（横浜グラン昼特急大阪）
USJ～横浜駅（グランドリーム横浜）
USJ～本郷車庫（青春ドリーム横浜）
USJ～小諸駅（青春ドリーム信州）
三宮BT～静岡駅（京阪神ドリーム静岡）
三宮BT～名鉄BC（名神ハイウェイバス）
大阪駅～名古屋駅（名神ハイウェイバス）
USJ～名古屋駅（青春大阪ドリーム名古屋）
京都駅～名鉄BC（名神ハイウェイバス）
大阪駅～長島温泉（ナガシマリゾートライナー）
金沢駅～名鉄BC（北陸道ハイウェイバス）
大阪駅～金沢駅・和倉温泉（北陸道グラン昼特急大阪）
USJ・京都駅～金沢・富山駅（北陸道青春昼特急大阪）
USJ～富山駅（百万石ドリーム大阪）
USJ～金沢駅（青春北陸ドリーム大阪）
大阪駅～アドベンチャーワールド（白浜エクスプレス大阪）
大阪駅～神戸三宮プレミアムアウトレット（神戸三宮プレミアムアウトレット）
JRなんば・大阪駅・新神戸駅～有馬温泉（有馬エクスプレス）
京都駅～城崎温泉駅（城崎温泉エクスプレス京都）
USJ・大阪駅・西脇営業所・アスティアかさい・津山駅（中国ハイウェイバス）
富山駅～広島BC（百万石ドリーム広島）
JRなんば～広島駅（グラン昼特急広島／グラン昼特急大阪）
京都駅～広島駅（青春昼特急京都大阪）
USJ～広島駅（グランドリーム広島）
京都駅～広島駅（青春ドリーム広島）
新神戸駅～洲本BC（かけはし）
JRなんば・神戸空港～洲本BC（かけはしNARUTO）
神戸空港～鳴門温泉（かけはし洲本温泉）
新神戸駅～東淡BT（大鳴門）
京都駅～徳島駅（阿波エクスプレス京都）
大阪駅～徳島駅（阿波エクスプレス大阪）
神戸空港・新神戸駅～徳島駅（阿波エクスプレス神戸）
京都駅～高松駅（高松エクスプレス京都）
大阪駅～高松駅（高松エクスプレス大阪）
新神戸駅～高松駅（高松エクスプレス神戸）
大阪駅～JR松山支店（松山エクスプレス）
富山駅～高知BT（北陸ドリーム四国）
大阪駅～はりまや橋・須崎駅（高知エクスプレス）
京都駅～須崎駅（京阪神ドリーム高知）